WESTEND

JASON STANLEY

WIE FASCHISMUS FUNKTIONIERT

Übersetzt von
Julien Karim Akerma

Mit einem Prolog von Rahel Jaeggi

WESTEND

Die Originalausgabe erschien unter dem Titel **How fascism works: the politics of us and them.** Published in the United States by Random House, an imprint and division of Penguin Random House LLC, New York. Random House and the House colophon are registered trademarks of Penguin Random House LLC.

Mehr über unsere Autoren und Bücher:
www.westendverlag.de

Die Deutsche Nationalbibliothek verzeichnet diese Publikation in der Deutschen Nationalbibliografie; detaillierte bibliografische Daten sind im Internet über http://dnb.d-nb.de abrufbar.

FSC www.fsc.org MIX Papier | Fördert gute Waldnutzung FSC® C014889

ISBN: 978-3-86489-443-5
5. Auflage 2025
© Westend Verlag GmbH, Neu-Isenburg 2024
Umschlaggestaltung: Buchgut, Berlin
Satz: Publikations Atelier, Weiterstadt
Druck und Bindung: Friedrich Pustet GmbH & Co. KG, Regensburg
Printed in Germany

Inhalt

Für Emile, Alain, Kalev, Talia
und ihre Generation

Vorwort zur deutschen Übersetzung

Droht uns eine Wiederkehr des Faschismus? Befinden sich die liberalen Demokratien heute auf dem Weg in eine neue autoritäre Gesellschaftsform? Diese Frage steht düster im Raum. Selbst diejenigen, die mit solchen Vokabeln eher vorsichtig umgehen, sehen sich mit der Tatsache konfrontiert, dass die liberale Demokratie keine Selbstverständlichkeit, sondern fragil ist und bedroht sein kann. Es ist dieser Hintergrund, der Jason Stanleys (in den USA bereits 2018 erschienene) Buch motiviert. Genauer gesagt waren es der ausgreifende neue Autoritarismus der Trump-Bewegung, die offene Respektlosigkeit gegenüber dem demokratischen Rechtsstaat, der zunehmend aggressiver werdende Kulturkampf gegen emanzipative Errungenschaften, die geifernden Attacken gegen Minderheiten, Geflüchtete und die Migrationsgesellschaft – sowie die Erkenntnis, dass es, bei allen Unterschieden, weltweit einander ähnelnde Szenarien einer Rückkehr des Autoritären, der Politik der Diskriminierung und des Ausschlusses sind, mit denen populistischen Bewegungen im Namen des Volkes die Möglichkeiten solidarischen Zusammenlebens unterminieren.

In Deutschland machen insbesondere die Wahlerfolge der AfD, das realistische Drohgespenst der Regierungsbeteiligung einer Partei, die vom Verfassungsschutz als »in Teilen gesichert rechtsextrem« beobachtet wird, die Frage nach dem Faschismus virulent. Die Beschäftigung von offen bekennenden Neonazis im deutschen Bundestag ist dabei nur ein – wenngleich das erschreckendste – Beispiel für das Aufblühen rechtsextremer Strukturen in allen Winkeln der Demokratie und das Einsickern von »gruppenbezogener Menschenfeindlichkeit«, ob antisemitisch, islamophob, rassistisch oder anders motiviert, in sämtliche Lebensbereiche. Die Radikalisierung faschistischer Bewegungen bis hin zu terroristischen und mörderischen Anschlägen auf Migrant:innen wird durch die politische Unfähigkeit, angemessen darauf zu reagieren, zu einem Problem, das weit über die juristische Nachverfolgung des Geschehens hinausgeht »Say their names!«

Aber was ist und ab wann ist es Faschismus? Dass es nicht ausreicht, auf die Intaktheit des Rechtsstaats und das Weiterbestehen der formalen Grundelemente einer demokratischen Ordnung zu verweisen, hat die Geschichte gelehrt. Auch die Nationalsozialisten sind in der Weimarer Republik durch eine demokratische Wahl an die Macht gekommen. Die Strategie der Abschaffung der Demokratie mit den Mitteln der Demokratie ist – daran hat der CDU-Politiker Armin Laschet auf einer der Demonstrationen im Februar 2024 in einer eindrucksvollen Rückschau auf die Ereignisse von Januar bis März 1933 erinnert – gerade in Deutschland nicht neu. Wir brauchen also andere Kriterien, insbesondere Sensibilität für die Mechanismen, mit denen sich die faschistische »Politik des Wir-und-Sie«, auf die die amerikanische Ausgabe des Buches bereits im Untertitel hinweist, durchsetzt. Was wir jetzt brauchen, ist Urteilskraft. Dazu kann uns Jason Stanleys Buch verhelfen.

Wie Faschismus funktioniert – das klingt nach einer Gebrauchsanleitung und soll wohl auch so klingen. Mit einem Unterschied: Wenn ich verstehe, wie meine Kaffeemaschine funktioniert, kann ich sie angemessen *bedienen*. Wenn ich verstehe, wie der Faschismus funktioniert, kann ich versuchen, ihn zu *verhindern*. In beiden Fällen geht es um einen praktischen Zweck, um Analyse als Hilfestellung für die Praxis. Was Sie in Ihren Händen halten, ist also ein Buch, das in der besten Tradition der politischen Aufklärungsliteratur steht. Es erfüllt den Zweck, den einmal Flugschriften hatten; will aufklären, warnen, erläutern und skandalisieren, zum Nach- und Umdenken herausfordern und zum Handeln motivieren, ein kleines Traktat, ein Brevier, dass uns helfen soll, die politisch-gesellschaftliche Situation klarer zu sehen und ihr begegnen zu können.

Wie Faschismus funktioniert – in aller Knappheit etabliert Jason Stanley zehn präzise gefasste Merkmale des Faschismus. Und so vermessen es erscheinen mag, in dieser Kürze etwas über den Faschismus sagen zu wollen, angesichts der Komplexität seiner Ursachen und der Vielfalt seiner Erscheinungsformen, so erstaunlich ist es, welchen Wiedererkennungswert die sich wiederholenden Muster haben und wie sich die Elemente faschistischer Politik – oder auch »Politiken« im Plural, eine Lesart, die der englische Begriff erlaubt – identifizieren und ausmachen lassen. Dass faschistische Politik beispielsweise, wie Stanley ausführt, regelmäßig darauf beruht, eine große mythische Vergangenheit des eigenen Volkes heraufzubeschwören, macht Trumps »Make America great again!« noch nicht zu Hitlers »tausendjährigem Reich«. Dennoch verstehen wir über alle Unterschiede hinweg die Dringlichkeit, mit der kritische Geschichtsbetrachtungen seitens der Trump-Bewegung abgewehrt werden müssen. So erklärt sich, wie es dazu kommen konnte, dass Schulbuch-Razzien in amerikanischen Bibliotheken durchgeführt wurden. Der Moment, in dem man Aufklärung über Kolonialismus, Rassismus und Sklaverei im McCarthy-Stil als »unamerikanische Umtriebe« auffasst, scheint vor diesem Hintergrund nicht mehr weit. Wir verstehen zugleich aber auch, was den damaligen AfD-Vorsitzenden Alexander Gauland zu der berühmten »Vogelschiss«-Analogie getrieben hat, und warum in Deutschland der sogenannte sekundäre Antisemitismus – der die jüdische Bevölkerung gerade für das hasst, was ihr angetan wurde – so stark ist: Die Verfolgung, Ausplünderung, Entrechtung und Ermordung der europäischen Juden rückt die »auserwählte Nation« in ein schlechtes Licht.

Jüdische, muslimische, schwarze, linke, queere Menschen stören mit ihren Erfahrungen der Ausgrenzung, der Unterdrückung und der Gewalt die Möglichkeit, Deutschland als etwas mythisch Großes aufzufassen. Auch das sich wiederholende Muster des Anti-Intellektualismus, die Verleugnung der Wirklichkeit und die

Hierarchisierung der sozialen Welt, die auf Jason Stanleys Checkliste stehen, lassen sich vielerorts leicht ausmachen. Und dass die Abwehr des Fremden mit sexualisierten Projektionen einhergeht, dass das Fremde wie das sexuell Uneindeutige fasziniert abgewehrt werden, das gehörte schon zu den Einsichten der Frankfurter Studien über den autoritären Charakter und zeigt sich erneut in den wilden Fantasien, die die Inklusion von LGBTQ+ und die Auflösung der traditionellen Familie begleiten.

Dabei ist *Wie Faschismus funktioniert* wohlgemerkt keine historische Analyse und weder eine philosophische noch eine politiktheoretische Theorie des Faschismus. Das Buch beantwortet nicht, was der Faschismus *ist,* was ihn verursacht, wo er herkommt, sondern eben: wie er *funktioniert,* welche Merkmale faschistische Bewegungen und Taktiken teilen und wie man sie identifizieren kann. Es stellt eine Handreichung zur Früherkennung dar – bevor es zu spät ist. Der Moment des Erscheinens der deutschen Übersetzung könnte deshalb nicht besser gewählt sein.

»Nie wieder ist *jetzt.*« Während ich dieses Vorwort schreibe, halte ich mich als wissenschaftliche »Fellow« im Thomas Mann House in Los Angeles auf. Thomas Mann, der Exilant, der ebenso wie Jason Stanleys Großeltern von der Gewaltherrschaft des Faschismus aus Deutschland vertrieben wurde und zusammen mit seiner Familie ein neues Leben in Kalifornien aufbauen musste, schrieb in diesem Zimmer nicht nur den Josephsroman zu Ende, sondern dachte auch viel darüber nach, wie es zum Faschismus kommen konnte und wie ihm zu begegnen sei. Hier verfasste er flammende Reden gegen die Nationalsozialisten und für die Demokratie – »Steine in Hitlers Fenster«, so nannte er sie einmal. Thomas Mann wird, so stelle ich mir vor, immer wieder darüber reflektiert haben, an welchen Anzeichen man den drohenden Sieg des Faschismus früher hätte erkennen können – vielleicht schon früher als er es selbst schließlich tat – und was man, bevor es zu spät war, gegen ihn hätte ausrichten können.

Während ich dieses Vorwort schreibe, im Februar 2024, versammeln sich in Deutschland wöchentlich Hunderttausende, um gegen die AfD und den Einfluss rechtsextremistischer, faschistischer und nationalistischer Kräfte zu protestieren. Expert:innen sprechen von der größten Mobilisierung in der Geschichte der Bundesrepublik. Der unmittelbare Anlass dafür ist das von Journalist:innen aufgedeckte Zusammentreffen eines Netzwerkes führender deutscher Rechtsradikaler, bei dem unter dem Schlagwort »Projekt Remigration« offen Deportationspläne für Migrant:innen und andere nicht ins völkisch-autoritäre Bild integrierbare Menschen diskutiert wurden. Für diejenigen, die sich seit Jahren mit solchen Vereinigungen beschäftigen, sind Ausdrücke wie »Remigration« oder die Propaganda gegen einen angeblich drohenden »Bevölkerungsaustausch« nicht neu. Die offene Verwendung des Begriffs »Deportation«, aber auch der Umstand, dass das Treffen in unmittelbarer Nähe zum Ort der Wannseekonferenz stattfand, dürfte dennoch ausschlaggebend dafür gewesen sein, dass plötzlich so viele das Gefühl hatten, ein Zeichen setzen zu müssen – nicht wenige davon zum ersten Mal auf einer Demonstration – und eine »Brandmauer gegen rechts« errichten zu wollen.

Auf die Mahnung »Nie wieder Faschismus!«, die zurückgeht auf den sogenannten Buchenwaldschwur im April 1945 und die seitdem zur Chiffre des antifaschistischen Gedenkens geworden ist, antwortet man nun mit einem dringlichen: »Nie wieder ist *jetzt*!« Das ist das richtige, das treffende Wort. Aber es ist auch keine harmlose Diagnose. Allzu häufig hat man sich in Deutschland hinter dem »Nie wieder« versteckt, so als könnte man, wie ein Kind, Verzeihung für das erfahren, das niemand verzeihen kann, indem man verspricht, es nicht noch einmal zu tun. Und allzu häufig bezieht sich diese Parole auf einen vagen, nicht genauer definierbaren Punkt in der Zukunft, sodass sie nicht mehr wie eine Warnung, sondern wie eine Beruhigung wirkt.

Aber wann ist wirklich »jetzt«? Wann ist »das goldene Zeitalter der Sicherheit«, wie Stefan Zweig die Jahre vor dem Ersten Weltkrieg bezeichnete, vorbei? Wenn »Nie wieder« wirklich *jetzt* ist, dann ist es an der Zeit, die Normalisierungen zu durchbrechen, die uns selbst dann noch in Sicherheit wiegen, wenn sich das Unmenschliche, die faschistische Entmenschlichung des Anderen, bereits Raum geschaffen hat. Sich dem Faschismus widersetzen, bedeutet dann vor allem: sich der Normalisierung, dem Sog der Normalisierung zu widersetzen.

Die vielleicht wichtigsten Überlegungen in Jason Stanleys Buch stehen fast am Schluss: »(...) die Gefahr einer Normalisierung des faschistischen Mythos besteht.« Unseren Urteilen über Normalität, darüber, was (noch) normal ist, darf man nicht trauen. Genau das zeigt die Beschäftigung mit der Geschichte des Faschismus. Zu stark ist die Tendenz, das einst Undenkbare denkbar zu machen. »Der Vorwurf des Faschismus wird immer extrem klingen; Normalisierung heißt, dass sich die Maßstäbe für die legitime Verwendung der drastischen Terminologie ständig verschieben.« Deshalb auch sollte man der Abwehrhaltung, auch der eigenen, die den Warnruf vor dem Faschismus immer schon für übertrieben hält, nicht trauen.

Sich der Normalisierung zu widersetzen, bedeutet dann eben auch, denjenigen Politiker:innen, mit denen man am Sonntag noch gemeinsam gegen den Faschismus auf die Straße gegangen ist, am Montag vorzurechnen, wie sehr ihre eigene Politik den Weg zur faschistischen Ausgrenzung ebnet. Wenn in den Wochen vor dem Potsdamer Skandal Olaf Scholz auf dem Cover des *Spiegels*, einem der einflussreichsten politischen Wochenmagazine, verkündet, man wolle und könne jetzt »endlich im großen Stil abschieben«, dann übernimmt der Bundeskanzler eine Problembeschreibung, für die die Rechtsextremen mit ihren »Remigrationsplänen« scheinbar die konsequentere Lösung und mit ihrer Rede von »Fluchttourismus« auch noch die konsequentere Bezeichnung anbieten. Wie immer liegt das Entscheidende bereits in der Rahmung des Problems.

Vielleicht fängt Normalisierung aber auch noch viel unscheinbarer an, zum Beispiel mit einem kleinen Stück Plastik. Die sogenannte Bezahlkarte, wie sie derzeit überall in Deutschland eingeführt wird, sagt viel darüber aus, wie sehr es hierzulande schon gelungen ist, die Geflüchteten zu »Anderen« zu machen. Sie verfügen dann kaum mehr über Bargeld, sondern nur noch über einen in bestimmten Geschäften einsetzbaren Gutschein. Interessant wird dieser eigentlich verwaltungstechnische Vorgang, wenn man die Unterstellungen ansieht, die ihn begleiten. Endlich können »die«, so der öffentliche Diskurs, kein Geld mehr in die Heimat schicken und es nicht für Drogen ausgeben. Dass hier ein wichtiger Schritt zur Ausgrenzung vollzogen wird, tritt deutlich hervor, wenn man in Rechnung stellt, was für ein machtvolles Symbol die freie Verfügung über Geld ist – über das Tauschmedium, das einen in dieser Gesellschaft zum Freien macht.

Die Selbstverständlichkeit der ethnisch homogenen Gesellschaft als Ausgangsposition und die entschiedene Abwehr der Realität einer Migrationsgesellschaft zeigt schließlich noch der verunglückte Aufruf des deutschen Wirtschaftsministers Robert Habeck knapp vier Wochen nach dem 7. Oktober 2023. Mit seiner Aufforderung an Muslime, sich nun entschieden von der Hamas und ihrer Politik zu distanzieren, vermittelte Habeck erneut den Eindruck, dass Menschen mit Migrationshintergrund, selbst diejenigen mit deutscher Staatsbürgerschaft, in Deutschland nur auf Bewährung geduldet sein. Der Faschismus fängt mit der sublimen Unterscheidung von Bürger:innen erster und zweiter Klasse an. Dies liefert das vielleicht eindeutigste Kriterium in Jason Stanleys Buch.

Normalisierung ist eine Erfahrungsblockade, die uns daran hindert, wahrzunehmen, wie Elemente antidemokratischen und menschenfeindlichen Verhaltens in unsere Institutionen und in unsere alltäglichen Praktiken einsickern. Wenn Normalisierung bedeutet, dass sich der Rahmen des Sagbaren und des Unsagbaren verschiebt, dann merkt man diesen Prozess manchmal kaum. Er findet aber schon dort statt, wo von Flucht und unfreiwilliger

Migration als »Krise« gesprochen wird und wo das tausendfache Ertrinken Geflüchteter im Mittelmeer im Hintergrundrauschen der täglichen Nachrichten verschwindet. Schon die Beschreibung als »Flüchtlingskrise« und nicht etwa als Krise der Menschenrechte, des Sozialstaats oder der globalen Ökonomie setzt hier einen Kontext, der das Ertrinken der Menschen und ihr Leben in den Nicht-Orten der Lager als Kollateralschaden darstellt. Die Verschiebung findet auch dort statt, wo die Realitäten der Migrationsgesellschaft wieder und wieder geleugnet werden und drückt sich noch im Unwillen von Grundschullehrer:innen aus, die für sie fremd anmutenden Namen ihrer Schüler:innen richtig aussprechen zu lernen. Sie zeigt sich in vielen kleinen Verletzungen und vielen fast unmerklichen Ausgrenzungen.

Droht uns eine Wiederkehr des Faschismus? Vielleicht ist diese Frage falsch gestellt. Eine der unscheinbaren, aber überaus wichtigen begrifflichen Weichenstellungen, die Jason Stanleys Buch vornimmt, ist seine Redeweise von »faschistischen Taktiken«. Was er vor Augen hat und so eindringlich beschreibt, wovor er warnt, ist nicht *der* Faschismus als monolithische historisch bezeugte Einheit, sondern eine Vielzahl an Elementen und Weichenstellungen; Tendenzen, die manchmal fast unbemerkt den öffentlichen Diskursraum (das, was sagbar ist) verschieben, manchmal aber auch sehr manifest als Strategien institutionellen und ideologischen Machtgewinns kenntlich gemacht werden müssen. Löst die Drohung mit *dem* Faschismus Abwehrreaktionen aus, die die Urteilskraft eher schwächen als schärfen, so soll uns die Aufmerksamkeit für faschistische Taktiken Einschätzungen dessen ermöglichen, wo wir stehen.

Das heißt auch, dass ein *neuer* Faschismus eben das sein wird: neu, das Ergebnis einer neuen politischen, ökonomischen und sozialen Konstellation. Faschismus, wie Adorno und Horkheimer ihn sahen, ist eine regressive Reaktion auf Krisen. Doch heute sind diese anders verfasst, anders motiviert als noch zu ihrer Zeit und regen daher zu anderen Reaktionen, zu anderen Gegnerschaften, zu neuen Mechanismen des Ausschlusses, zu neuen Formen der Gewalt und der »Gewalt vor der Gewalt« an. Was wir dann brauchen, ist eine Schulung unserer Urteilskraft, die uns das Alte im Neuen und das Neue im Alten sehen lässt. Eine solche Urteilskraft zu justieren bedeutet auch, den Bezug zur Wirklichkeit wiederzugewinnen, zu einem Sinn, der, wie Hannah Arendt so eindringlich zeigte, immer wieder zu den ersten Opfern der faschistischen Gefahr gehört. Wenn *Wie Faschismus funktioniert* in der deutschen Öffentlichkeit so wirkt, wie der Autor es gemeint hat, kann es dabei zum Wegweiser werden.

Rahel Jaeggi, Pacific Palisades, 2024

Rahel Jaeggi ist Professorin für Sozialphilosophie und Politische Philosophie an der Humboldt-Universität zu Berlin und gilt als eine der zeitgenössischen Vertreterinnen der Kritischen Theorie. Als Gastprofessorin unterrichtete sie an der Yale University, Fudan University in Shanghai, New School for Social Research in New York. Sie war Fellow am Institute for Advance Studies an der Princeton University. Seit 2018 ist sie Leiterin des Centres for Social Critique in Berlin. Ihre wichtigsten Veröffentlichungen sind: Entfremdung (2005/2016), Kritik von Lebensformen (Suhrkamp 2014), jüngst erschienen ist Fortschritt und Regression (Suhrkamp 2023).

Aktualisiertes Vorwort zur ersten Taschenbuchausgabe

Seit der Veröffentlichung von *How Fascism Works* im September 2018 haben die weltweiten Ereignisse meine Besorgnis in Bezug auf den modernen Faschismus noch verstärkt. Die politischen Anführer, Parteien und Bewegungen, über die ich damals schrieb, sind mit ihren Vorhaben weiter vorangekommen. Neue Gruppierungen haben sich formiert, die die von mir dargestellten Taktiken nachahmen. Das von der WHO am 11. März 2020 zur Pandemie erklärte Coronavirus trug dazu bei, indem es grundlegende Aspekte des menschlichen, sozialen und politischen Lebens beeinträchtigte und eine weltweite Wirtschaftskrise nach sich zog. Meine Lehren von damals haben eine Dringlichkeit erreicht, die ich selbst nicht vorhersehen konnte.

Ich schrieb dieses Buch als Warnung vor faschistischer Politik, insbesondere vor der Gefahr einer Rhetorik, die Angst und Wut als Mittel zur Vertiefung ethnischer und religiöser Spaltung fördert und die in den öffentlichen Diskurs eindringt. Inzwischen sind ihre Auswirkungen allzu offensichtlich, denn sie bestimmt das Ergebnis von Wahlen und hält Einzug in die Politik.

Jair Bolsonaro, der »Tropen-Trump«, fand in der Originalausgabe dieses Buches keine Erwähnung. Kurz nach der Veröffentlichung wurde er jedoch zum Präsidenten Brasiliens, der viertgrößten Demokratie der Welt, gewählt. Bolsonaro fuhr eine Antikorruptionskampagne, die sich auf das Thema Recht und Ordnung konzentrierte. Er zeigte sich offen antifeministisch, homophob und lobte wiederholt die Vergangenheit des Landes als Militärdiktatur. Während seiner Amtszeit waren »[a]lle drei politisch aktiven Söhne Bolsonaros sowie seine Frau Michelle in Korruptionsskandale verwickelt«.[1] In Brasilien wurden Journalisten bedroht; Universitäten, die sowohl Quelle des Protests gegen Bolsonaro als auch Zielscheibe seiner politischen Demagogie waren, mussten mit massiven Kürzungen ihrer Forschungsmittel rechnen. Am 15. März 2020 fanden im ganzen Land rechtsextreme Kundgebungen statt, bei denen man die Auflösung des Kongresses und der Gerichte forderte. Wie auch Trump leugnet Bolsonaro den Klimawandel. Der brasilianische Amazonas-Regenwald, dessen Gesundheit für den Planeten von entscheidender Bedeutung ist, wurde unter seiner Regierung zunehmend von katastrophalen Bränden heimgesucht, was eine verstärkte Abholzung zur Folge hatte.

Jahrelang sprach man angesichts des Aufstiegs der extremen Rechten von einer »spanischen Ausnahme« in Europa: Angeblich, so hieß es, schütze die jahrzehntelange Erfahrung mit dem Faschismus im 20. Jahrhundert die Spanier davor, denselben Fehler erneut zu begehen. Damit war 2018 Schluss, als Vox gegründet wurde, eine rechtsextreme Partei, die sich auf den faschistischen Diktator Franco beruft und Angst und Panik vor Einwanderung und dem Verlust der traditionellen Kultur schürt. Bei den Parlamentswahlen 2019 und 2023 erlangte Vox die drittmeisten Sitze im spanischen Parlament. Häufig wird angenommen, faschistische Taktiken vermögen nur dort Erfolg zu haben, wo die Institutionen und das Engagement für die demokratische Kultur bereits geschwächt sind; dass diese also schwerer wiegen als die spalterische Rhetorik, die sie beeinflussen möchte. Nun ist aber Schweden eines der Länder mit den stabilsten demokratischen Institutionen der Welt, darunter eine hervorragende allgemeine Gesundheitsversorgung, ein erstklassiges Bildungswesen und frei verfügbare Kinderbetreuung. Das Eintreten der Schweden für demokratische Werte wurde kaum je in Frage gestellt. Es bestätigt die Wirksamkeit faschistischer Taktiken in beunruhigender Weise, dass die einzige politische Partei des Landes, die sich ihrer bedient – die Schwedendemokraten –, seit der letzten Wahl dort die zweitmeisten Sitze im Parlament hat. Auch in Deutschland, einem weiteren Staat, dessen demokratische Institutionen unbestritten scheinen, ist die rechtsnationale AfD in den Umfragen mittlerweile die zweitstärkste Partei, und in Italien stellen die postfaschistischen Fratelli d'Italia mit ihrer Vorsitzenden Giorgia Meloni sogar die Regierung. Überall auf der Welt haben Politiker und politische Gruppierungen aus den hier erörterten Beispielen gelernt, wie die Rhetorik ethnischer Spaltung dazu führen kann, Wahlen und Rückhalt in der Bevölkerung zu gewinnen.

Seit Veröffentlichung des Buches hat es neben diesen neueren Entwicklungen auch einige besorgniserregende Vorstöße in bereits etablierten Bewegungen gegeben. Die Panik vor Zuwanderung und dem Verlust der dominierenden Kultur an religiöse oder ethnische Minderheiten, die von den Mehrheitsgruppen verabscheut werden, steht im Mittelpunkt faschistischer Politik. In den Ländern, in denen das Schüren dieser Angst am stärksten verfängt, beobachten wir, wie die dafür verantwortlichen Akteure an Stärke gewinnen. Indien ist ein herausragendes Beispiel, insbesondere der Aufstieg der hindu-nationalistischen Bharatiya Janata Party (»Indische Volkspartei«, BJP) und ihres Anführers Narendra Modi. In den letzten Jahren hat diese eine Mehrheit gewonnen und betreibt seitdem eine alarmierende Politik.

Historisch war die Staatsbürgerschaftspraxis in Indien liberal und säkular. Unter der Führung der BJP wandelt sich das Land jedoch dramatisch. Indien verfügt über ein nationales Bevölkerungsregister und einen Volkszählungsstand. In beiden Fällen werden aber die Einwohner gezählt, nicht die Bürger. Im November 2019 schlug das indische Parlament vor, ein Nationales Bürgerregister (»National Register of Citizens«, NRC) einzuführen, dessen Aufgabe darin besteht, Bürger von Nichtbürgern abzugrenzen. Diejenigen, die in die zweite Kategorie fallen, sollen inhaftiert und gegebenenfalls abgeschoben werden. In Indien lebt eine große Zahl von Menschen, die dort geboren sind, aber keine Dokumente wie Geburtsurkunden vorweisen können, die dies belegen. Daher will man entscheiden, wer von ihnen als Staatsbürger gilt und wer nicht. Mit Blick auf die hinter diesem Projekt stehenden Parteien besteht die große Sorge, dass die Religion der ausschlaggebende

Faktor sein wird: Muslime ohne Papiere würden inhaftiert und abgeschoben, Hindus dagegen in das Register aufgenommen.

Parallel dazu hat Indien das Staatsbürgerschaftsänderungsgesetz (»Citizenship Amendment Bill«, CAB) verabschiedet, das die Einbürgerung von Migranten, die bestimmten religiösen Gruppen angehören, regelt. Gemäß den CAB-Richtlinien bleibt Muslimen ohne Pass die Staatsbürgerschaft verwehrt; für Hindus, die ihre Nationalität nicht nachweisen können, wird der Vorgang dagegen beschleunigt. In Indien erleben wir derzeit einen Übergang von liberalen zu faschistischen Staatsbürgerschaftspraktiken. Dabei ist der Faschismus der BJP nicht bloß rhetorischer Natur.

Im Allgemeinen zeichnet sich die Partei dadurch aus, dass sie ideologische Feinde ins Visier nimmt und bei deren Bekämpfung alle Hemmungen fallenlässt. In Indien, Brasilien und den Vereinigten Staaten – überall dort, wo faschistische Politik die Gemüter erregt – sind die Universitäten einer der Hauptangriffspunkte rechtsextremer Anführer gewesen. Im Januar 2020 wurde die Jawaharlal Nehru University in Neu-Delhi von Hindu-Nationalisten angegriffen. Während die Polizei tatenlos zusah, randalierten sie an der Hochschule und verprügelten Studierende sowie Professoren gleichermaßen. In seinem Kommentar in der Zeitung *The Indian Express* schrieb Pratap Mehta über die schockierende Gewalt, die von der Regierung offensichtlich gebilligt wurde:

> *Die gezielte Bekämpfung von Feinden – Minderheiten, Liberale, Säkularisten, Linke, urbane Naxals, Intellektuelle, diverse Demonstranten – basiert nicht auf dem Kalkül gewöhnlicher Politik. Wenn man sich selbst legitimiert, indem man Feinde erfindet, spielt die Wahrheit keine Rolle mehr, spielen die normalen Regeln der Zivilisation und des Anstands keine Rolle mehr, spielen die Kontrollen und Abwägungen normaler Politik keine Rolle mehr.*[2]

Als ich mich mit den Vereinigten Staaten befasste, war ich zu Beginn dieses Projekts vom Erfolg der faschistischen Taktik alarmiert, die Donald Trump bei der Ankündigung seiner Kandidatur 2015 gebraucht hatte. Doch handelte es sich bei seiner schroffen Rhetorik gegen mexikanische Einwanderer und Muslime nur um Kalkül? Oder sollten sich in den darauffolgenden Jahren die Institutionen und die Politik verändern und eindeutig faschistische Richtungen einschlagen wie im Fall der BJP und Indiens? Am 27. Januar 2017 erließ die Trump-Regierung eine ihrer ersten Durchführungsverordnungen mit dem Titel »Schutz der Nation vor der Einreise ausländischer Terroristen in die Vereinigten Staaten«. Die Regelung setzte die Aufnahme von Flüchtlingen aus dem Krieg in Syrien auf unbestimmte Zeit aus und verwehrte Bürgern aus sieben mehrheitlich muslimischen Ländern das Betreten amerikanischen Bodens. Schließlich traten zwei Ersatzklauseln an ihre Stelle, um rechtliche Bedenken auszuräumen. Denn ein Einreiseverbot aufgrund der religiösen Gesinnung ist ganz offenkundig nicht mit der Verfassung vereinbar. Die dritte Version des Gesetzes wurde angepasst, um zwei nicht muslimische Länder, Nordkorea und Venezuela, auf die Liste der als bedrohlich eingestuften Staaten zu setzen, deren Bürgern man damit die Einreise in die USA verwehrte. Mit fünf Stimmen zu vier entschied der Oberste Gerichtshof, dass die Änderung die Durchführungsverordnung mit der Verfassung in Einklang bringt (obwohl man sie offenkundig genau zu diesem Zweck ausgearbeitet hatte). In den darauffolgenden Jahren hat sich das Einreiseverbot für viele Muslime weltweit normalisiert. In den US-Medien findet dieses Thema heute kaum Beachtung. Trumps faschistische Taktik schlug sich schnell in einer Politik expliziter Ausgrenzung nieder.

Im Nachwort zur ersten Ausgabe spekulierte ich noch über die anderen Schauplätze, auf denen vergleichbare Praktiken der Diskriminierung mutmaßlich Gestalt annehmen würden:

Im Zuge der Verschärfung von Donald Trumps Kampagne gegen die Einwanderung werden in den Vereinigten Staaten zahllose Arbeitnehmer jedweder Herkunft ohne Papiere in anonym geführte, private

Internierungslager verbracht, wo sie dem Blick und dem öffentlichen Interesse entzogen bleiben.

Dies geschieht auch weiterhin. An der Grenze zu Mexiko haben die USA Internierungslager eingerichtet, in denen Migranten ohne Papiere festgehalten werden, während sie auf ihre Gerichtsanhörung warten. Ein zentrales und grausames Merkmal der Einrichtungen ist die Familientrennung. Im Juni 2019 sorgte eine Angehörige des Repräsentantenhauses, Alexandria Ocasio-Cortez, für Furore, als sie diese privaten Anstalten als »Konzentrationslager« bezeichnete. Tatsächlich trifft ihre Beschreibung zu. Wie die KZs im Deutschland der 1930er-Jahre sind sie vor den Augen der Öffentlichkeit verborgen; Journalisten dürfen sie nicht besichtigen – lediglich Rechtsvertreter und Mitglieder des Kongresses haben Zugang.[3] Anfang Juni 2020 strich die Trump-Regierung die Bildungs-, Freizeit- und Rechtshilfe für Migrantenkinder in Internierungslagern und schottete sie damit noch weiter von der Öffentlichkeit ab. Berichte über die extremen Bedingungen vor Ort füllten die Nachrichten; nach außen drangen sie nur durch Anwälte, die befugt waren, die Einrichtungen zu besuchen.

Obwohl man uns die Fakten vorenthält, werden die Immigranten sich untereinander austauschen. Die Strategie besteht offenkundig darin, sie zur Selbstdeportation zu ermutigen. Auch dies ist aus der Geschichte bekannt. Während des Novemberpogroms 1938 wurden mehr als 30000 deutsche Juden aufgegriffen und in Konzentrationslager verbracht, wo man sie brutalen und unmenschlichen Bedingungen aussetzte und bald darauf wieder entließ. Nikolaus Wachsmann, Professor für europäische Geschichte an der University of London, erklärt, dass die Freilassung der Gefangenen aus Perspektive des Regimes sinnvoll war, denn die Lager hatten »ihre Aufgabe erfüllt – viele Juden aus Deutschland hinauszutreiben«.[4] Die aggressive antisemitische Rhetorik der herrschenden NSDAP und die Brutalität der Einrichtungen verursachten einen großen Exodus der jüdischen Bevölkerung aus

Deutschland (darunter meine Großmutter und mein Vater im Juli 1939). Die Taktik funktionierte – aber sollten wir sie deshalb übernehmen?

Zu dieser Gemengelage gehört auch eine wirtschaftliche Komponente. In zunehmendem Maße sehen wir Verbindungen zwischen mächtigen Geschäftsinteressen und den Institutionen des Staatsterrors. Wall Street vergibt Kredite in Milliardenhöhe, um den Profit von Unternehmen zu fördern, die Internierungslager betreiben; andere große Firmen machen Gewinne, indem sie diesen ihre Waren verkaufen, und in all ihren Vorständen sitzen ehemalige hochrangige Verwaltungsbeamte. Auf lokaler Ebene stocken die Bezirksgefängnisse ihre Budgets auf, da sie aufgrund des massiv ausgeweiteten Mandats der Einwanderungs- und Zollbehörde (»Immigration and Customs Enforcement«, ICE) und den infolgedessen gesteigerten Festnahmen immer mehr Menschen beherbergen. Auch die rechtliche, materielle und wirtschaftliche Struktur dieser Einrichtungen erinnert an die frühen Konzentrationslager in Nazideutschland.

Zudem gibt es in den USA Institutionen, die zwar nicht von Trump geschaffen, wohl aber von seiner Regierung übernommen und radikal gestärkt wurden und die faschistischen paramilitärischen Organisationen ähneln. Das ICE ist eine neuartige Behörde – es wurde 2003 im Gefolge des 11. September durch den Homeland Security Act ins Leben gerufen, zu einer Zeit, als Grundrechte und Freiheiten hinter der Sorge um die nationale Sicherheit zurücktraten. Im Rahmen desselben Gesetzes wurde auch das Amt für Zoll- und Grenzschutz (»Bureau of Customs and Border Protection«, CBP) gegründet, das mit der Überwachung der Grenze und der personellen Besetzung von Internierungslagern für Migranten beauftragt ist. Beim ICE handelt es sich um eine Spezialeinheit, geschaffen während einer antidemokratischen Phase der amerikanischen Geschichte, die über polizeiähnliche Befugnisse verfügt und sich gegen Randgruppen innerhalb unserer Grenzen richtet. Die Institution selbst steht politisch dem Staatschef nahe. Trump war der erste Präsident, der von einer großen Gewerkschaft unterstützt wurde, die die ICE-Beschäftigten vertritt, und er hat sich wiederholt als ihr wichtigster Verteidiger bezeichnet.

Als Organisation ähnelt das ICE zunächst einer Polizei, es ist aber keine. In einer demokratischen Gesellschaft besteht die Aufgabe der Ordnungshüter darin, in den Gemeinschaften für Sicherheit zu sorgen. Tatsächlich kooperiert das ICE mit den regulären amerikanischen Strafverfolgungs- und Polizeibehörden. Allerdings laufen seine Ziele diesen oft zuwider, beispielsweise, indem es Angst unter Einwanderern schürt, die daraufhin weniger bereit sind, Verbrechen anzuzeigen. Infolgedessen haben sich einige Polizei-Chefs geschlossen gegen die ICE-Razzien ausgesprochen. Die Aufgabe der Behörde besteht nicht darin, die Gemeinschaften sicherer zu machen, sondern stattdessen die Unterscheidung zwischen »uns« und »ihnen« weiter zu verstärken.

Wenn es um die konkreten Auswirkungen von Trumps Rhetorik geht, halten viele Medien nach Hassverbrechen von Skinheads Ausschau oder nach anderen Beispielen für außergerichtliche Gewalt, die sich zwar gegen dessen bevorzugte Zielscheiben – zum Beispiel Einwanderer und Muslime – richtet, jedoch nicht unbedingt von der Trump-Regierung begangen wurden. Das ist eine gefährliche Fehleinschätzung; eine Reaktion, die die gravierendsten Auswirkungen von Trumps Rhetorik verschleiert. Die Taktiken faschistischer Politik manifestieren sich nicht nur zwischen einzelnen Personen, sondern auch in dem aus ihr resultierenden Staatsapparat. Debatten, die verlangen, dass wir unseren Blick stattdessen auf die Straße richten, nötigen uns, von den strukturellen Folgen dieser Rhetorik abzusehen. Indem wir den Staatsapparat ignorieren, verhalten wir uns so, als seien faschistische politische Taktiken nicht in der Lage, vormals demokratische in faschistische Staaten zu verwandeln. Diese These wird sowohl von den Ereignissen der Vergangenheit als auch vom gesunden Menschenverstand widerlegt.

In der deutschen Geschichte bezeichnet der Begriff »Gleichschaltung« jenen Prozess, durch den die staatlichen Institutionen allmählich »nazifiziert« wurden, also von liberal-demokratischen zu nationalsozialistischen Organisationsprinzipien übergingen, darunter insbesondere die Loyalität zum Führer Adolf Hitler. Ohne die Anführer der neuen Rechtsextremen mit Hitler vergleichen zu wollen, ist es gleichwohl möglich, ähnliche Prozesse in einigen der größten Demokratien der Welt auszumachen. Vielerorts findet eine Bewegung hin zur Vereinheitlichung von Institutionen statt, die sich auf die Loyalität entweder zu einer ethnischen Identität stützen – wie in Indien – oder zu einem bestimmten Anführer, wie in den Vereinigten Staaten, wo sich die Republikanische Partei zunehmend über ihre Treue zu Donald Trump definiert. Dadurch sind sowohl der partizipative Charakter der Institutionen als auch ihre Fähigkeit, notwendige Aufgaben zu erfüllen, bedroht. Unsere demokratische Kultur hängt am seidenen Faden.

Hinter dieser transnationalen, ultranationalistischen Bewegung stehen die Kräfte des Kapitals. Technologieriesen profitieren ebenso wie die Medien von dem dramatischen Aufeinandertreffen von Freund und Feind. Angst und Wut treiben die Menschen an die Wahlurnen, aber sie sorgen auch dafür, dass sie online bleiben und sich auf mediale Inhalte fixieren. Gleichsam freuen sich Ölkonzerne, wenn ultranationalistische Bewegungen Klimaschutzvereinbarungen wie das Pariser Abkommen als Bedrohung der staatlichen Souveränität darstellen. Je schwächer einzelne Länder und internationale Verträge werden, desto größer wächst die Macht multinationaler Unternehmen.

Überall auf der Welt befinden sich derzeit rechtsextreme Bewegungen auf dem Vormarsch, deren demagogische Anführer ultranationalistische Konzepte entweder umsetzen wollen oder dies bereits tun. Die liberale Demokratie ist selbst in ihren ehemaligen Bollwerken auf dem Rückzug – seit Mitte des 20. Jahrhunderts war sie nicht mehr dermaßen gefährdet.

Im Kontext von Pandemien wie Covid-19 stellen die Angriffe auf Fachkompetenz, Wissenschaft und Wahrheit eine Bedrohung für weit mehr als nur unser politisches System dar. Derartige Attacken sind das Lebenselixier faschistischer Politik. In der Reaktion der Staats- und Regierungschefs der Vereinigten Staaten, Brasiliens und Indiens auf Covid-19, die zunächst darin bestand, das Virus als aufgeblasenen Schwindel abzutun, traten die Gefahren deutlich zutage.[5] Dies war durchaus kein Zufall – wie ich auf den folgenden Seiten noch zeige, steht die faschistische Ideologie in prinzipiellem Widerspruch zu Fachkompetenz, Wissenschaft und Wahrheit.

Um ihr Programm voranzutreiben, nutzt die faschistische Politik Krisen aus. Weil das Virus seinen Ursprung in China hatte, nannte Trump es »das chinesische Virus«. Aber der Grund, warum er auch trotz Kritik noch an der Bezeichnung festhielt und dies bis heute tut, ist, dass er die Debatte auf einen nationalistischen Konflikt lenken wollte – und weg von der Inkompetenz seiner Regierung. Selbst nachdem sie endlich begonnen hatte, das Virus ernst zu nehmen, versuchte sie sofort, rückwirkend ihr nationalistisches Projekt der Grenzschließung und ihr Misstrauen gegen Migranten zu rechtfertigen, indem sie Einwanderer sowie deren Zufluchtsstätten mit Covid-19 in Verbindung brachte. Wie ich in diesem Buch zeige, versucht der herrschende Faschismus, seine Rhetorik in die Realität umzusetzen – zum Beispiel durch die Verelendung und Verarmung von Bevölkerungsgruppen, die er als krank darstellt. Anfang März 2020 wies Trumps für die Ausweisung von Migranten zuständige Justizbehörde Mitarbeiter von Einwanderungsgerichten an, Poster der Gesundheitsbehörde CDC (»Centers for Disease Control and Prevention«) zu entfernen, die die Ausbreitung des Coronavirus eindämmen sollten.[6] Es ist nicht ersichtlich, worin der Nutzen einer solchen Anordnung bestand – außer vielleicht darin, der Assoziation zwischen Einwanderern und dem Virus eine gewisse Plausibilität zu verleihen, indem man diese Gruppen nicht über die Gefahren informiert.

Die ungarische Regierung reagierte auf Covid-19 mit einem Gesetz, das die Auflösung des Parlaments veranlasste und Victor Orbán per Notstandsdekret regieren ließ. In den USA beantragte das Justizministerium beim Kongress Notstandsbefugnisse, einschließlich unbefristeter Inhaftierungen per richterlichem Beschluss. Krisensituationen als antidemokratische Chance auszuschlachten, ist ebenfalls eine klassische faschistische Taktik.

Bei einem Blick in die Welt mag die Lage hoffnungslos erscheinen. Dennoch schlägt dieses Buch eine andere Perspektive vor. Eine These lautet, dass der Faschismus keine neue Bedrohung darstellt, sondern vielmehr eine ständige Versuchung. Die Vereinigten Staaten haben die Aufmerksamkeit der Weltgemeinschaft nicht wegen ihrer faschistischen Geschichte auf sich gezogen, sondern wegen des Heldenmuts, den ihre Einwohner im Kampf gegen den Faschismus an den Tag legten. Vom Sezessionskrieg bis zur Bürgerrechtsbewegung setzten sich die USA gegen den weißen christlichen Nationalismus zur Wehr, so wie Europa gegen seine eigenen rechtsextremen Bewegungen kämpfte. Brasilien entledigte sich seiner Militärdiktatur; Indien wurde auf säkularen, liberalen Grundsätzen gegründet und hatte einst einen klaren Blick für die Gefahren des religiösen Nationalismus, mit dem sich das Land heute (wieder einmal) konfrontiert sieht.

Zudem dürfen wir nicht vergessen, dass die Strukturen, die unsere Demokratien vor den aktuellen Bedrohungen schützen, bereits seit geraumer Zeit existieren. In allen unseren lokalen Gemeinden gibt es mindestens einen Aktivisten, der sich schon sein Leben lang intensiv mit einem bestimmten Problem befasst. Das gegenwärtige rigorose Abschiebungsregime wurde in den USA unter Obama eingeführt. In meiner Gemeinde in New Haven war Kica Matos zu dieser Zeit Direktorin für Einwandererrechte und Gerechtigkeit zwischen den Ethnien im Center for Community Change, wo sie das landesweit größte Netzwerk von Organisationen für Einwandererrechte koordinierte. Während der Trump-Ära verdoppelte sie ihre Bemühungen und wurde als Beraterin für die Stadt sowie als Leiterin des Vera Institute of Justice tätig. Die Klugheit und der Mut von lebenslang tätigen Aktivisten wie Matos fließen in dieses Buch ein. Der Einsatz solcher Menschen in unseren Gemeinden erinnert uns daran, dass der Kampf andauert und die Kräfte – auf beiden Seiten – stark sind.

Es liegt an uns, ihn zu führen und uns bewusst zu machen, dass es dabei nicht nur darum geht, einen bestimmten Moment zu überwinden, sondern vielmehr darum, ein dauerhaftes demokratisches Engagement zu schaffen.

Einleitung

Als Sohn von Eltern, die aus Europa geflohen waren, wuchs ich mit Geschichten über die heroische Nation auf; jene Nation, die dazu beigetragen hatte, Hitlers Armeen zu besiegen und im Westen eine nie da gewesene Ära liberaler Demokratie einzuläuten. Mein Vater, der gegen Ende seines Lebens schwer an Parkinson litt, wollte unbedingt noch die Strände der Normandie sehen. Auf die Schulter seiner Frau, meiner Stiefmutter, gestützt, erfüllte er sich seinen Traum und begab sich dorthin, wo zahlreiche tapfere junge Soldaten im Kampf gegen den Faschismus ihr Leben gelassen hatten. Doch selbst als meine Familie dieses Vermächtnis feierte und ehrte, wussten meine Eltern zugleich, dass amerikanisches Heldentum und amerikanische Freiheitsideen niemals nur eindimensional waren.

In der Zeit vor dem Zweiten Weltkrieg verkörperte Charles Lindbergh mit seinen waghalsigen Flügen – darunter der erste Solo-Transatlantikflug – und seiner Begeisterung für neue Technologien diese Ideale. Dank seiner Berühmtheit und seines Status fiel ihm eine führende Rolle in der America-First-Bewegung zu, die sich gegen den Eintritt der Vereinigten Staaten in den Zweiten Weltkrieg aussprach. In einem Essay mit dem Titel »Aviation, Geography, and Race« (»Luftfahrt, Geografie und Rasse«), der 1939 in der ur-amerikanischen Zeitschrift *Reader's Digest* veröffentlicht wurde, vertrat Lindbergh eine Haltung, die einer amerikanischen Variante des Nazismus ähnelte:

> *Es ist an der Zeit, unsere Streitigkeiten hinter uns zu lassen und unsere weißen Schutzwälle wieder zu errichten. Dieses Bündnis mit*

fremden Völkern bedeutet für uns nichts als den Tod. Es ist an uns, unser Erbe vor Mongolen, Persern und Mauren zu schützen, bevor wir von einem grenzenlosen fremden Meer verschlungen werden.[1]

Das Jahr 1939 war auch das Jahr, in dem mein Vater Manfred, damals sechs Jahre alt, im Juli mit seiner Mutter Ilse vom Berliner Flughafen Tempelhof aus flüchtete, nachdem er monatelang hatte untertauchen müssen. Er kam am 3. August in New York City an. Auf dem Weg zum Anleger fuhr sein Schiff an der Freiheitsstatue vorbei. Im Besitz meiner Familie befindet sich ein Fotoalbum aus den 1920er- und 1930er-Jahren; auf der letzten Seite sind sechs verschiedene Bilder der Freiheitsstatue zu sehen, wie sie allmählich in Sicht kommt.

Damals war die America-First-Bewegung das öffentliche Gesicht der pro-faschistischen Stimmung in den USA und viele Amerikaner teilten Lindberghs Abneigung gegen die Immigration, insbesondere von Nichteuropäern.[2] Das Einwanderungsgesetz von 1924 schränkte den Zuzug strikt ein, und es war speziell darauf ausgerichtet, Nichtweiße und Juden auszuschließen. 1939 ließen die Vereinigten Staaten derart wenige Flüchtlinge in das Land, dass die Einreise meines Vaters an ein Wunder grenzte.

Im Jahr 2016 hat Donald Trump den Slogan »America First« wiederbelebt – und schon in der ersten Woche seiner Amtszeit verhängte die neue Regierung unablässig Einreiseverbote für Immigranten, inklusive Flüchtlinge; dabei nahm man insbesondere arabische Länder ins Visier. Zudem versprach er, die Millionen von nichtweißen Arbeitern aus Mittel- und Südamerika, die sich ohne Papiere in den Vereinigten Staaten aufhielten, zu deportieren und die Gesetze zum Schutz der von ihnen mitgebrachten Kinder vor Abschiebung aufzuheben. Im September 2017 legte die Trump-Regierung eine Obergrenze von 45000 Flüchtlingen fest, die im Folgejahr in die USA werden einreisen dürfen – die niedrigste Zahl überhaupt, seit Präsidenten derartige Obergrenzen festlegen. Mit »America First« erinnerte Trump zwar speziell an Lindbergh, aber auch seine übrige Kampagne schien sich auf einen vagen Punkt in der Vergangenheit zu beziehen, wenn er sagte, er wolle »Amerika wieder großartig machen«. Doch wann genau waren die Vereinigten Staaten in den Augen der Trump-Kampagne großartig? Etwa im 19. Jahrhundert, als sie noch ihre schwarze Bevölkerung versklavten? Oder während der Jim-Crow-Politik, als Afroamerikanern im Süden das Wahlrecht verwehrt wurde? Einen Hinweis darauf, welches Jahrzehnt Trump am wichtigsten ist, gibt ein Interview des *Hollywood Reporter* vom 18. November 2016 mit Steve Bannon, dem damaligen Chefstrategen des designierten Präsidenten, in dem er über die kommende Ära sagte, dass sie »so aufregend wie die 1930er-Jahre sein wird« – kurz gesagt die Zeit, in der die USA ihre größte Sympathie für den Faschismus an den Tag legten.

In den letzten Jahren sind mehrere Länder auf der ganzen Welt von einer bestimmten Form des rechtsextremen Nationalismus überrollt worden; die Liste umfasst Russland, Ungarn, Italien, Polen, Indien, die Türkei und die Vereinigten Staaten. Allgemeine Aussagen bezüglich dieser Phänomene zu treffen, gestaltet sich schwierig, da der Kontext jeweils ein anderer ist. Dennoch bedarf es in der gegenwärtigen Situation einer Verallgemeinerung. Ich habe die Bezeichnung »Faschismus« für Ultranationalismus jeglicher Couleur (ethnisch, religiös, kulturell) gewählt, wobei die Nation durch einen autoritären Anführer vertreten wird, der in ihrem Namen spricht. So erklärte Donald Trump in seiner Rede auf dem Parteitag der Republikaner im Juli 2016: »Ich bin eure Stimme.«

Mein Interesse in diesem Buch gilt der faschistischen Politik, insbesondere faschistischen Taktiken, die als Instrumente zur Mehrung von Einfluss und Macht dienen. Sobald diejenigen, die von ihnen Gebrauch machen, erst einmal die Führung übernommen haben, hängt das Regime, das sie errichten, zu einem großen Teil von spezifischen historischen Bedingungen ab: Was in Deutschland geschah, war anders als das, was in Italien geschah. Faschistische Politik muss nicht zwangsläufig zu einem explizit faschistischen Staat führen; gleichwohl ist sie gefährlich.

Weiterhin umfasst sie eine Vielzahl unterschiedlicher Strategien: die mythische Vergangenheit, Propaganda, Anti-Intellektualismus, Unwirklichkeit, Hierarchie, Opferrollen, Recht und Ordnung, sexuelle Ängste, Appelle an das Vaterland und den Abbau von Gemeinwohl und Einheit. Obwohl die Verteidigung einzelner Elemente auf dieser Liste legitim und manchmal gerechtfertigt ist, gibt es immer wieder Geschichtsabschnitte, in denen sie in einer Partei oder politischen Bewegung zusammenkommen. Das sind die gefährlichen Phasen. In den Vereinigten Staaten wenden republikanische Politiker derartige Strategien heute zunehmend häufiger an; eine Tendenz, die ehrlichen Konservativen zu denken geben sollte.

Die Gefahren der faschistischen Politik wurzeln in der spezifischen Art und Weise, in der sie Teile der Bevölkerung entmenschlicht. Indem sie bestimmte Gruppen ausgrenzt, schränkt sie die Fähigkeit der anderen Bürger zur Empathie ein, was zur Rechtfertigung unmenschlicher Behandlung führt: von der Unterdrückung der Freiheit über Masseninhaftierungen und Vertreibungen bis – im Extremfall – hin zum Genozid.

Völkermorden und ethnischen Säuberungskampagnen sind regelmäßig politische Taktiken vorausgegangen, wie sie in diesem Buch beschrieben werden. In den Fällen Nazideutschlands, Ruandas und des heutigen Myanmars sahen sich die Opfer der Vernichtung monate- oder sogar jahrelang bösartigen rhetorischen Angriffen seitens führender Politiker und der Presse ausgesetzt, bevor das Regime schließlich zum Genozid überging. Angesichts dieser Präzedenz sollte es alle Amerikaner mit Sorge erfüllen, dass Donald Trump als Kandidat und als Präsident öffentlich und ausdrücklich Einwanderer beschimpft und beleidigt hat.

Eine faschistische Politik kann Minderheitengruppen auch dann entmenschlichen, wenn aus ihr kein explizit faschistischer Staat erwächst.[3] In gewisser Hinsicht befand sich Myanmar auf dem Weg zu einer Demokratie. Fünf Jahre brutaler Rhetorik gegen die muslimische Bevölkerung der Rohingya haben während dieser Zeit dennoch zu einem der schlimmsten Fälle von ethnischer Säuberung seit dem Zweiten Weltkrieg geführt.

Das bezeichnendste Symptom faschistischer Politik ist die Spaltung. Sie zielt darauf ab, die Bevölkerung in ein »Wir« und ein »Sie« zu trennen. Viele politische Bewegungen machen von dieser Taktik Gebrauch; so setzt der Kommunismus beispielsweise Klassenunterschiede als Waffe ein. Bei der Beschreibung faschistischer Politik geht es darum, die sehr spezifische Art und Weise herauszuarbeiten, mit der er »uns« von »ihnen« trennt, indem er an ethnische oder religiöse Differenzen appelliert und diese Gefühle ausnutzt, um zunächst Weltbilder und später die Gesetzgebung zu prägen. Jeder Mechanismus faschistischer Politik dient der Schaffung oder Verfestigung von Spaltung.

Faschisten legitimieren ihr Gedankengut, indem sie das allgemein geteilte Geschichtsverständnis durch die Schaffung einer **mythischen Vergangenheit** abbauen und damit wiederum ihre Vision für die Gegenwart stützen. Sie schreiben die geteilte Realitätsauffassung der Bürger um, indem sie einerseits anerkannte Wertvorstellungen durch **Propaganda** verzerren und andererseits einen **Anti-Intellektualismus** fördern, indem sie Universitäten und Bildungssysteme angreifen, die ihre Ideen in Frage stellen könnten. Letztendlich schafft die faschistische Politik mit diesen Techniken einen Zustand der **Unwirklichkeit**, worin Verschwörungstheorien und Fake-News eine vernünftige Debatte ersetzen.

In dem Maße, in dem unsere geteilte Realitätsauffassung zerbröckelt, schafft die faschistische Politik Raum für gefährliche und falsche Überzeugungen, die sich mit der Zeit erhärten. Erstens versucht die zugrundeliegende Ideologie, Gruppenunterschiede zu naturalisieren und damit den Anschein einer natürlichen, wissenschaftlichen Begründung für eine **Hierarchie** des Wertes von Menschen zu erwecken. Sobald sich soziale Rangordnungen und Spaltungen etabliert haben, tritt Angst an die Stelle von Verständnis zwischen den Bevölkerungsteilen. Jeder soziale Fortschritt, den eine Minderheitengruppe erzielt, schürt bei der dominanten Mehrheit das Gefühl der **Viktimisierung**. Die Politik von **Recht und Ordnung** übt eine große Anziehungskraft auf die Massen aus, indem sie »uns« als rechtmäßige Bürger und »sie« im Gegensatz dazu als gesetzlose Kriminelle zeichnet, deren Verhalten eine existenzielle Gefahr für die Männlichkeit der Nation darstelle. Ebenfalls typisch für die faschistische Politik ist die **sexuelle Angst**, da sich die patriarchale Hierarchie von der zunehmenden Gleichstellung der Geschlechter bedroht sieht.

In dem Maße, in dem die Angst vor »ihnen« wächst, werden »wir« zum Symbol für alles Tugendhafte. »Wir« leben auf dem Land, wo die ursprünglichen Werte und Traditionen der Nation trotz der Bedrohung durch den Kosmopolitismus aus den **Städten** – und trotz der Horden von Minderheiten, die dort hausen und durch die liberale Toleranz sogar ermutigt werden – auf wundersame Weise immer noch bestehen. »Wir« arbeiten hart und haben uns unseren erhabenen Platz in der Gesellschaft durch **Mühe und Leistung** verdient. »Sie« sind faul und leben von den Gütern, die wir produzieren, indem sie die Großzügigkeit unserer Sozialsysteme ausnutzen oder korrupte Institutionen wie die Gewerkschaften einsetzen, die ehrliche, hart arbeitende Bürger um ihren Lohn bringen. »Wir« sind Macher; »sie« sind Nehmer.

Viele Menschen, die keine Kenntnis der ideologischen Struktur des Faschismus haben, wissen nicht, dass alle Mechanismen der damit verbundenen Politik auf anderen aufbauen. Ihnen ist nicht klar, wie eng die politischen Parolen, die man ihnen in den Mund legt, miteinander verknüpft sind. Ich habe dieses Buch in der Hoffnung geschrieben, den Bürgern ein kritisches Instrumentarium an die Hand zu geben, mit dem sie den Unterschied zwischen den legitimen Taktiken der liberal-demokratischen Politik auf der einen Seite und den unlauteren Taktiken der faschistischen Politik auf der anderen Seite erkennen können.

In Gestalt ihrer eigenen Geschichte verfügen die Vereinigten Staaten sowohl über das Beste, was liberale Demokratie zu bieten hat, als auch über die Wurzeln faschistischen Denkens. (Hitler war in der Tat von der Konföderation und den Jim-Crow-Gesetzen inspiriert.) Nach den Schrecken des Zweiten Weltkriegs, der unzählige Menschen zur Flucht vor dem Faschismus veranlasst hatte, bekräftigte man in der Allgemeinen Erklärung der Menschenrechte von 1948 die Würde eines jeden Menschen. Die Ausarbeitung und Verabschiedung des Dokuments wurden von der ehemaligen First Lady Eleanor Roosevelt vorangetrieben. Nach dem Krieg stand es ebenso für die Ideale der Vereinigten Staaten wie für die der neu gegründeten Vereinten Nationen. Seine Botschaft war kühn; eine eindrucksvolle Schilderung und Erweiterung des liberal-demokratischen Verständnisses des Menschseins, bezogen auf die gesamte Weltgemeinschaft. Die Erklärung verband sämtliche Nationen und Kulturen mit der gemeinsamen Verpflichtung, die Gleichheit aller zu achten, und spiegelte die Hoffnungen von Millionen Menschen in einer zerrütteten Welt wider, die sich mit den Verwüstungen von Kolonialismus, Völkermord, Rassismus, globalem Krieg und, ja, Faschismus konfrontiert sah. Nach Kriegsende war Artikel 14 besonders bedeutsam, da er feierlich das Recht eines jeden Menschen auf Asyl bestätigte. Auch wenn die Erklärung versuchte, eine Wiederholung des im Zweiten Weltkrieg erlittenen Leids zu verhindern, so erkannte sie doch zugleich an, dass bestimmte Personengruppen möglicherweise erneut aus den Nationalstaaten, unter deren Flagge sie leben, würden fliehen müssen.

Zwar sieht der Faschismus heute nicht mehr ganz so aus wie noch in den 1930er-Jahren, aber erneut sind überall Flüchtlinge unterwegs. In etlichen Ländern verstärkt ihre Notlage die faschistische Propaganda, der zufolge die Nation geradezu belagert werde und Fremde eine Bedrohung innerhalb und außerhalb der Grenzen darstellen. Das Leid von Ausländern vermag die Strukturen des Faschismus zu festigen, wo es doch eigentlich Empathie auslösen sollte.

1 Die mythische Vergangenheit

Um ihren »Standpunkt« zu begründen, berufen sich die Antisemiten auf die Überlieferung. Und im Namen der Überlieferung – dieser weit zurückreichenden Geschichte, jener Blutsverwandtschaft mit Pascal und Descartes – wird den Juden mitgeteilt: Ihr könnt in dieser der Gemeinschaft keinen Platz finden.

— Frantz Fanon, *Schwarze Haut, Weiße Masken* (1952)

Es liegt nahe, dieses Buch dort zu beginnen, wo faschistische Politik ausnahmslos ihren Ursprung verortet: in der Vergangenheit. Ihre Rhetorik beschwört eine reine, mythische Version derselben herauf, die auf tragische Weise zerstört wurde. Je nachdem, wie sich die Nation definiert, kann diese ethnisch rein, religiös rein, kulturell rein oder alles gleichermaßen gewesen sein. Dabei weisen alle faschistischen Mythologisierungen eine gemeinsame Struktur auf: In jeder Variante dominiert uneingeschränkt eine extreme Auslegung der patriarchalen Familie – selbst noch vor wenigen Generationen. In der älteren Geschichte galt die mythische Vergangenheit als glorreiche Epoche der Nation, mit Eroberungskriegen, angeführt von patriotischen Feldherren, mit Heeren aus Landsmännern, starken und ergebenen Kriegern, deren Frauen zu Hause die nächste Generation aufzogen. In der Gegenwart werden diese Mythen im Rahmen faschistischer Politik zur Grundlage der nationalen Identität.

Gemäß der Rhetorik extremer Nationalisten ist die glorreiche Vergangenheit durch die Demütigungen verloren gegangen, die der Globalismus, der liberale Kosmopolitismus und die Achtung »universeller Werte« wie der Gleichheit mit sich brachten. Von Letzteren wird behauptet, sie hätten die Nation angesichts realer und bedrohlicher Herausforderungen für ihren Fortbestand geschwächt.

In der Regel beruhen derartige Mythen auf Phantasievorstellungen über eine nicht gegebene Homogenität in der Vergangenheit, die angeblich in den Traditionen der Kleinstädte und in ländlichen Regionen, unberührt von der liberalen Dekadenz der Städte, noch fortlebe. In einigen nationalistischen Bewegungen mag diese sprachliche, religiöse, geografische oder ethnische Einheitlichkeit durchaus etwas ganz Normales sein. Faschistische Mythen jedoch unterscheiden sich davon durch die Schaffung einer glorreichen nationalen Vergangenheit, in der die Mitglieder der auserwählten Nation noch über andere herrschten – was als Ergebnis von Eroberungen und entsprechenden zivilisatorischen Leistungen betrachtet wird. Damit einhergehen stets traditionelle, patriarchale Geschlechterrollen. Allgemein weist die so konstruierte mythische Vergangenheit eine spezifische Struktur auf, die ihre autoritär-hierarchische Ideologie unterstützt. Dass die früheren Gesellschaften kaum jemals so patriarchal – oder so glorreich – waren, wie es die faschistische Ideologie darstellt, ist dabei zweitrangig. Die bloß imaginierte Geschichte dient als Grundlage für die Errichtung von Hierarchien in der Gegenwart; sie schreibt vor, wie die heutige Gesellschaft auszusehen und zu funktionieren hat.

In einer Rede auf dem Faschistenkongress in Neapel 1922 erklärte Benito Mussolini:

> *Wir haben unseren Mythos geschaffen. Der Mythos ist ein Glaube, eine Leidenschaft. Er muss nicht unbedingt der Wirklichkeit entsprechen […]. Unser Mythos ist die Nation, unser Mythos ist die Größe der Nation! Und diesem Mythos und seiner Großartigkeit – die wir in eine totale Wirklichkeit umsetzen wollen – unterwerfen wir alles andere.*[1]

An dieser Stelle macht Mussolini deutlich, dass die faschistische Vergangenheit bewusst eine mythische ist. Ihre Rolle im politischen Kontext besteht darin, den emotionalen Gehalt der Sehnsucht nach ihr, die Nostalgie, ganz im Sinne der zentralen ideologischen Lehren – Autoritarismus, Hierarchie, Reinheit und Kampf –, zu instrumentalisieren. Mit der Schaffung einer mythischen Vergangenheit erzeugt man somit ein Scharnier zwischen der Nostalgie und der Verwirklichung der faschistischen Ideale. Diesen strategischen Aspekt hatten auch die deutschen Faschisten klar und deutlich erkannt. So schrieb Alfred Rosenberg, der führende Nazi-Ideologe und Herausgeber des *Völkischen Beobachters*, im Jahr 1924: »Das Verständnis und die Achtung vor unserer eigenen mythischen Vergangenheit und Geschichte werden die wichtigste Voraussetzung dafür sein, die kommende Generation fester im Boden der ursprünglichen europäischen Heimat zu verankern.«[2] Folglich dient die faschistisch-mythische Vergangenheit dazu, die Gegenwart umzugestalten.

***

Die patriarchale Familie ist ein Ideal, das faschistische Politiker in der Gesellschaft etablieren wollen – oder zu dem sie, wie sie gern behaupten, zurückkehren möchten. Stets stellen sie diese als zentralen Bestandteil der nationalen Überlieferung dar, die selbst noch in jüngster Zeit durch den Aufstieg des Liberalismus und des Kosmopolitismus geschwächt worden sei. Aber warum nimmt das Patriarchat in der faschistischen Politik eine so zentrale strategische Rolle ein?

Im Faschismus ist der Führer der Nation mit der Vaterfigur in der traditionellen patriarchalen Familie vergleichbar. Seine Stärke und Macht sind die Quelle seiner rechtlichen Autorität im Land – so wie die Stärke und Macht des Vaters im Patriarchat die Quelle seiner moralischen Autorität über die Familie sind. Der Führer sorgt für sein Volk, so wie der Vater seine Frau und Kinder ernährt. Die Autorität leitet sich in beiden Fällen aus Stärke ab, denn jene ist der maßgebliche autoritäre Wert. Indem die faschistische Politik die nationale Vergangenheit mit einer patriarchalen Familienstruktur verknüpft, verbindet sie Nostalgie mit einer zentral organisierten, hierarchisch-autoritären Struktur, die in diesen Werten ihre reinste Darstellung findet.

Bevor Joseph Goebbels das Amt antrat, war Gregor Strasser in den 1920er-Jahren Reichspropagandaleiter. Für einen Mann, so Strasser, »ist der Militärdienst die grundlegendste und wertvollste Form der Mitwirkung – für Frauen ist es die Mutterschaft!«.[3] Paula Siber, die amtierende Vorsitzende des Deutschen Frauenbundes, erklärt 1933 in einem Dokument, das die offizielle nationalsozialistische Frauenpolitik widerspiegeln sollte:

> *Frausein heißt Muttersein – heißt mit der ganzen bewussten Kraft der Seele das Muttersein bejahen und zum Gesetz des Lebens machen. [...] Denn höchste Berufung der nationalsozialistischen Frau ist nicht die, Kinder nur zu gebären, sondern die, bewusst und aus der ganzen Hingabe ihres Mutterseins und ihrer Mutterpflicht heraus, ihrem Volke Kinder zu erziehen.*[4]

Der britische Historiker Richard Grunberger fasst »den Kern des nationalsozialistischen Denkens in der Frauenfrage« zusammen als »ein Dogma der Ungleichheit zwischen den Geschlechtern, das ebenso unveränderlich ist wie dasjenige zwischen den Ethnien«.[5] In ihrem Artikel »Politics of Gender: Women in Nazi Germany« geht die Historikerin Charu Gupta sogar so weit zu behaupten, dass »die Unterdrückung der Frauen in Nazideutschland den extremsten Fall von Antifeminismus im 20. Jahrhundert« darstelle.[6]

***

Erneut sind es diese idealisierten Geschlechterrollen, die politische Bewegungen bestimmen. 2015 gewann die rechtsgerichtete Prawo i Sprawiedliwość (»Recht und Gerechtigkeit«, PiS) bei den polnischen Parlamentswahlen eine absolute Mehrheit und wurde damit zur stärksten Partei des Landes. Im Zentrum ihrer Politik steht die Rückkehr zu den konservativen christlich-sozialen Traditionen des ländlichen Polens. Homosexualität verabscheuen ihre Politiker offen, zudem ist die Partei einwandererfeindlich und weist antidemokratische Züge auf. Ihre besonders eklatanten Maßnahmen wurden von der Europäischen Union verurteilt. Dazu gehört beispielsweise der Erlass von Gesetzen, die es den Ministern (die PiS-Mitglieder sind) ermöglichen, die staatlichen Medien vollständig zu kontrollieren, indem sie ihnen die Befugnis verleihen, die Sendeleiter der polnischen Radio- und Fernsehanstalten einzustellen und zu entlassen. Auf internationaler Ebene ist die Partei jedoch vor allem für ihren Extremismus in der Geschlechterpolitik bekannt. Abtreibungen waren in Polen bereits vorher verboten, wobei allerdings die Möglichkeit für Ausnahmen in Fällen schwerer und irreversibler Schädigung des Fötus, bei ernsthafter Gefährdung der Mutter, Vergewaltigungen oder Inzest bestand. Ein Gesetzesentwurf der PiS hätte die Sonderfälle Vergewaltigungen und Inzest abgeschafft und Frauen, die entsprechende Eingriffe vornehmen lassen wollen, mit Haftstrafen bedacht. Die Regelung scheiterte lediglich an der großen Empörung und den Demonstrationen von Frauen auf den Straßen polnischer Städte.

Ähnliche Geschlechtervorstellungen sind weltweit, auch in den Vereinigten Staaten, auf dem Vormarsch und werden dabei häufig mit Hinweisen auf die Geschichte untermauert. Der als Weev bekannte Andrew Auernheimer ist ein prominenter Neonazi, der gemeinsam mit Andrew Anglin die faschistische Online-Zeitung *The Daily Stormer* betrieb. Im Mai 2017 veröffentlichte er dort einen Artikel mit dem Titel »Was sind traditionelle Geschlechterrollen eigentlich?«. Darin behauptet Weev, dass Frauen in allen europäischen Kulturen traditionell als Eigentum angesehen wurden, mit Ausnahme der matriarchalen jüdischen Gemeinschaften und einiger Sinti- oder Romagruppen:

> *Dies erklärt, warum die Juden diese Ideen so vehement angriffen; denn die patrilineare Weitergabe von Eigentum war für ihre Kultur zutiefst*

> *anstößig. In Europa gibt es diese absurde Vorstellung von der Unabhängigkeit der Frau nur aufgrund der organisierten Unterwanderung durch Vertreter des Judentums.*[7]

Laut Weev, der an den Nazismus des 20. Jahrhunderts anknüpft, sind patriarchale Geschlechterrollen von zentraler Bedeutung für die europäische Geschichte und Teil der »glorreichen Vergangenheit« des weißen Europas.

In seinen Texten stützt die Vergangenheit nicht nur die traditionellen Geschlechterrollen, sondern trennt auch solche Gruppen, von denen man annimmt, dass sie an ihnen festhalten, von denjenigen, die es nicht tun. Wie sich von Nazideutschland bis in die jüngere Geschichte gezeigt hat, kann diese geradezu von Rachegelüsten erfüllte Unterscheidung sogar zum Völkermord führen. Hutu-Power war eine faschistische, die ethnische Vorherrschaft anstrebende Bewegung, die sich in den Jahren vor dem Völkermord in Ruanda 1994 gebildet hatte. 1990 veröffentlichte *Kangura* – ihre offizielle Zeitung – »Die Zehn Gebote der Hutu«. Gleich die ersten drei adressieren das Thema Geschlecht: Das erste erklärte jeden Mann zum Verräter, der eine Tutsi-Frau heiratete und damit die reine Hutu-Blutlinie verunreinigte, und das dritte forderte Hutu-Frauen auf, dafür zu sorgen, dass ihre Ehemänner, Brüder und Söhne keine Tutsi-Frauen heiraten. Das zweite Gebot sei hier zitiert:

> 2. *Jeder Hutu sollte wissen, dass unsere Hutu-Töchter für ihre Rolle als Frau, Ehefrau und Familienmutter besser geeignet und dabei gewissenhafter sind. Sind sie etwa nicht schön, erfüllen sie ihre Aufgaben nicht gut und sind sie nicht ehrlicher?*

Innerhalb der Ideologie der Bewegung kommen Frauen nur als Ehefrauen und Mütter vor, die mit der hochheiligen Aufgabe betraut sind, die ethnische Reinheit der Hutu zu wahren. Das Streben nach selbiger war eine wesentliche Rechtfertigung für den Völkermord an den Tutsi 1994.

Freilich schleichen sich geschlechtsspezifische Ausdrücke und Verweise auf die Rolle und den erhabenen Wert von Frauen häufig in politische Reden ein, ohne dass man sich über deren Auswirkungen jedes Mal viele Gedanken machen würde. Im amerikanischen Wahlkampf 2016 tauchte ein Video auf, in dem Donald Trump grobe und abfällige Bemerkungen über Frauen tätigte. Mitt Romney, Präsidentschaftskandidat der Republikaner im Jahr 2012, verkündete daraufhin, dass Trumps Worte »unsere Ehefrauen und Töchter erniedrigen«, und Paul Ryan, der republikanische Sprecher des Repräsentantenhauses, erklärte: »Frauen sollten gefördert und verehrt, nicht als Objekte angesehen werden.« Aus diesen beiden Kommentaren spricht eine patriarchale Ideologie, wie sie für einen Großteil der Republikanischen Partei typisch ist. Beide Politiker hätten auch einfach die Fakten unmittelbar auf den Punkt bringen können, nämlich dass Trumps Bemerkungen die Hälfte unserer Mitbürger erniedrigen. Stattdessen adressiert Romneys Äußerung – und zwar in einer Sprache, die an die Zehn Gebote der Hutu erinnert – Frauen ausschließlich in ihrer traditionell untergeordneten Rolle in der Familie, als »Ehefrauen und Töchter« – und noch nicht einmal als Schwestern. Paul Ryans Charakterisierung als Gegenstände der »Verehrung« anstatt des gleichen Respekts objektiviert Frauen im selben Satz, in dem er dies anprangert.

In der faschistischen Politik ist die patriarchale Familie in eine größere Erzählung über nationale Traditionen eingebettet. Der ungarische Premierminister Viktor Orbán wurde 2010 ins Amt gewählt und vermochte nach nur kurzer Zeit die liberalen Institutionen des Landes zu zerstören, um einen Staat zu schaffen, den er selbst offen als »illiberal« bezeichnet. Im April 2011 führte Orbán das Ungarische Grundgesetz, die neue Verfassung, ein. Deren Ziel wird gleich zu Beginn im Nationalen Bekenntnis formuliert, das die Gründung des ungarischen Staates durch den Heiligen Stephan preist, der »unser Land vor eintausend Jahren zu einem Teil des christlichen Europas gemacht hat«. Das Dokument verkündet weiter, dass »unser Volk Europa im Laufe der Jahrhunderte in einer Reihe von Kämpfen verteidigte« (vermutlich gegen das muslimische Osmanische Reich), würdigt »die Rolle des Christentums bei der Wahrung der nationalen Identität« und verpflichtet sich, »unser Erbe zu fördern und zu erhalten«. Das Nationale Bekenntnis endet mit dem Versprechen, einem »anhaltenden Bedürfnis nach geistiger und intellektueller Erneuerung« nachzukommen und den jüngeren Generationen einen Weg zu weisen, um »Ungarn zu neuer Größe zu verhelfen«.

Die erste Reihe der Verfassungsartikel, das »Grundlegende«, ist mit Buchstaben versehen. Artikel L lautet dem vollen Wortlaut nach:

> *(1) Ungarn schützt die Institution der Ehe als eine aufgrund einer freiwilligen Entscheidung zwischen einem Mann und einer Frau zustande gekommene Lebensgemeinschaft sowie die Familie als Grundlage des Fortbestehens der Nation. Die Grundlage des Familienverhältnisses ist die Ehe beziehungsweise die Eltern-Kind-Beziehung.*
> *(2) Ungarn unterstützt die Elternschaft.*
> *(3) Den Schutz der Familien regelt ein Kardinalgesetz.*

Die zweite Reihe von Artikeln, »Freiheit und Verantwortung«, ist mit römischen Ziffern versehen. Artikel II verbietet Abtreibungen.

Folglich lautet die klare Botschaft, dass es sich beim Patriarchat um eine tugendsame, historisch verwurzelte Praxis handle, deren Schutz vor dem Liberalismus im Grundgesetz des Landes festgeschrieben werden müsse. In der faschistischen Politik dienen Mythen über eine patriarchale Vergangenheit – die durch aufkommende liberale Ideale und alles, was sie mit sich bringen, bedroht werde – dazu, Angstgefühle vor dem Verlust des hierarchischen Status zu erzeugen. Dies gilt sowohl für Männer als auch für die Fähigkeit der dominanten Gruppe, ihre Reinheit und ihr Ansehen vor Überfremdung zu schützen.

***

Während die »Rückkehr« zu einer patriarchalen Gesellschaft die Hierarchie in der faschistischen Politik verfestigt, so reicht der Ursprung dieser Rangordnung noch tiefer in der Geschichte zurück – im Falle Ungarns sogar bis zum Heiligen Stephan. In glorreicher Vergangenheit nahmen die Mitglieder der jeweiligen nationalen oder ethnischen Gemeinschaft ihren rechtmäßigen Platz an der Spitze ein, indem sie die kulturelle und wirtschaftliche Ausrichtung bestimmten, der alle anderen zu folgen hatten. Dies ist strategisch grundlegend. Man kann sich die faschistische Politik als eine Politik der Hierarchie vorstellen (in den Vereinigten Staaten beispielsweise verlangt und impliziert die Ideologie der »White Supremacy« eine dauerhafte gesellschaftliche Rangordnung mit den Weißen an der Spitze); und um diese Hierarchie zu verstehen, ist es hilfreich, sie als eine Verdrängung der Realität durch Macht zu betrachten. Glaubt eine Bevölkerung erst einmal, dass sie eine rechtmäßige Sonderstellung einnimmt, dass sie von der Natur oder vom religiösen Schicksal dazu auserkoren wurde, andere Völker zu beherrschen, so hat man sie bereits von einer ungeheuren Lüge überzeugt.

Der Nationalsozialismus ging aus der völkischen Bewegung hervor, deren Anhänger eine Rückkehr zu den Traditionen einer mythischen deutschen mittelalterlichen Vergangenheit anstrebten. Obwohl Adolf Hitler als Vorbild für sein Reich eher von einer gewissen Vision des antiken Griechenlands besessen war, handelte es sich bei führenden Nazis wie Alfred Rosenberg und Heinrich Himmler um glühende Verehrer und Förderer völkischen Gedankenguts. In *The Science of the Swastika* (»Die Wissenschaft des Hakenkreuzes«), seiner 2008 erschienenen Geschichte der Beziehungen zwischen der deutschen Altertumswissenschaft und dem Nationalsozialismus, schreibt Bernard Mees:

> *Völkische Autoren fanden schon bald heraus, dass das Bild der frühen Deutschen praktischen Zwecken dienlich gemacht werden konnte; die glorreiche germanische Vergangenheit ließ sich als Rechtfertigung für*

die imperialistischen Ziele der Gegenwart verwenden. Hitlers Bestreben, Kontinentaleuropa zu beherrschen, wurde in den späten 1930er-Jahren in nationalsozialistischen Zeitschriften zur bloßen Erfüllung der germanischen Bestimmung erklärt, als Wiederholung der prähistorischen arischen und später germanischen Völkerwanderung durch den Kontinent in der Spätantike.[8]

Die von Rosenberg, Himmler und anderen Nazi-Anführern entwickelten Taktiken haben seither die faschistische Politik in weiteren Ländern inspiriert. Den Anhängern der indischen Hindutva-Bewegung zufolge bestand die Urbevölkerung Indiens aus Hindus, die bis zur Ankunft der Muslime und später der Christen – die dekadente westliche Werte einführten – nach patriarchalen Bräuchen und streng puritanischen Sexualpraktiken lebten. Damit haben sie eine mythische Vergangenheit fabriziert, in der das Land noch eine reine Hindu-Nation war, um das, was von Wissenschaftlern als die tatsächliche Geschichte Indiens angesehen wird, auf dramatisierte Weise aufzupolieren. Die heute dominierende nationalistische Partei, die BJP, bekennt sich offen zur Hindutva-Ideologie. Mit einer emotionalen Rhetorik, die eine Rückkehr zu dieser fiktiven, patriarchalen, streng konservativen, ethnisch und religiös reinen Vergangenheit fordert, hat sie die Macht im Land gewonnen. Die BJP ist aus dem politischen Arm der Rashtriya Swayamsevak Sangh (»Nationale Freiwilligenorganisation«, RSS) hervorgegangen, einer rechtsextremen, hindu-nationalistischen Partei, die sich für die Unterdrückung von Minderheiten anderen Glaubens einsetzte. Nathuram Godse, der Mann, der den Mordanschlag auf Gandhi verübt hatte, war Mitglied der RSS – wie auch der derzeitige indische Premierminister Narendra Modi. Die Partei stand eindeutig unter dem Einfluss faschistischer Bewegungen aus Europa; in den späten 1930er- und 1940er-Jahren lobten seine führenden Politiker regelmäßig Hitler und Mussolini.

***

Das strategische Ziel von hierarchischen Geschichtskonstruktionen besteht darin, die Wahrheit zu verdrängen, und die Erfindung einer glorreichen Geschichte umfasst stets das Ausblenden unbequemer Tatsachen. Zwar erhebt faschistische Politik die Vergangenheit zu einem Fetisch – zugleich aber ist es niemals die wirkliche Vergangenheit, die fetischisiert wird. Erfundene Geschichtsdarstellungen spielen die früheren Sünden der Nation herunter oder tilgen sie ganz. Charakteristisch für Faschisten ist, dass sie die tatsächliche Vergangenheit eines Landes in verschwörerischer Manier zu einer von liberalen Eliten und Kosmopoliten erfundenen Erzählung umdeuten, die dazu diene, die Menschen der wahren »Nation« zu schikanieren. In den Vereinigten Staaten etwa wurden noch lange nach dem Ende des Sezessionskriegs Denkmäler für die Konföderierten errichtet – als Teil einer mythologisierten Geschichte der heldenhaften Südstaaten, die den Schrecken der Sklaverei kaum Beachtung schenkt. Trump brandmarkte die Notwendigkeit, diese Darstellung der Vergangenheit mit der Sklaverei in Verbindung zu bringen, als einen Versuch, weiße Amerikaner dafür herabzuwürdigen, dass sie ihr »Erbe« feiern.

Die Tilgung der tatsächlichen Geschichte legitimiert die Vision einer wie auch immer geartet »reinen« und rechtschaffenen früheren Nation. Ein Bestandteil der von Myanmar betriebenen ethnischen Säuberung des Rohingya-Volkes ist die Auslöschung jeglicher Spur ihrer physischen und historischen Existenz. U Kyaw San Hla, ein Beamter im Sicherheitsministerium des Bundesstaates Rakhine – der traditionellen Heimat dieser Minderheit –, meinte dazu: »Es gibt gar keine Rohingya. Das sind Fake-News.«[9] Laut einem Bericht des Hochkommissars der Vereinten Nationen für Menschenrechte vom Oktober 2017 haben die Sicherheitskräfte Myanmars darauf hingearbeitet, »jedwede Erinnerungsmale im Land und im Gedächtnis der Rohingya derart effektiv auszulöschen, dass sie bei einer Rückkehr in ihr Land nichts anderes als ein trostloses und nicht wiedererkennbares Terrain vorfinden würden«. Was sich vor 2012 in bestimmten Gegenden von Rakhine noch als eine blühende multiethnische und multireligiöse Gemeinschaft präsentiert hatte, wurde grundlegend umgestaltet, um jegliches Andenken an eine muslimische Bevölkerung auszulöschen.

Faschistische Politik verleugnet die dunklen Momente in der Vergangenheit einer Nation. Anfang 2018 verabschiedete das polnische Parlament ein Gesetz, das es untersagt, Polen für jegliche während der nationalsozialistischen Besatzung auf heimischem Boden begangenen Gräueltaten eine Verantwortung zuzuschreiben. Dies gilt selbst für die gut dokumentierten Pogrome zu jener Zeit. Laut Radio Polen heißt es in Artikel 55a, Absatz 1 des Gesetzentwurfs:

> *Wer öffentlich und tatsachenwidrig die polnische Nation oder den polnischen Staat beschuldigt, für vom Dritten Reich begangene nationalsozialistische Verbrechen verantwortlich zu sein oder daran mitgewirkt zu haben [...] oder für andere Verbrechen gegen den Frieden und die Menschlichkeit oder für Kriegsverbrechen verantwortlich oder mitschuldig zu sein, oder die tatsächlichen Täter auf andere Weise davon freispricht, wird mit einer Geldstrafe oder einer Freiheitsstrafe von bis zu drei Jahren bestraft.*

Ähnlich verbietet Artikel 301 des türkischen Strafgesetzbuchs die »Beleidigung des Türkentums« – dazu gehört die Erwähnung des Völkermords an den Armeniern im Ersten Weltkrieg. Derartige Versuche, die Tilgung der Vergangenheit einer Nation gesetzlich zu regeln, sind charakteristisch für faschistische Regime.

Frankreichs Rassemblement National hat als erste rechtsextreme Partei in Westeuropa nennenswerte Wahlerfolge erzielen können. Ihr ursprünglicher Anführer, Jean-Marie Le Pen, wurde wegen Holocaust-Leugnung verurteilt; seine Tochter und Nachfolgerin als Vorsitzende der Partei, Marine Le Pen, belegte bei den Präsidentschaftswahlen 2017 und 2022 den zweiten Platz. Die Rolle der französischen Polizei beim Aufspüren von Juden, die unter der Vichy-Regierung in die Vernichtungslager der Nazis geschickt wurden, ist gut dokumentiert. Doch während des Wahlkampfs 2017 leugnete Marine Le Pen die französische Mitschuld an einer besonders großen Verhaftungsaktion, bei der man 13000 Juden auf der Radrennbahn Vélodrome d'Hiver zusammentrieb und anschließend in den Tod schickte. Im April 2017 sagte sie in einem Fernsehinterview: »Ich meine nicht, dass Frankreich für Vel' d'Hiv verantwortlich ist [...]. Wenn es überhaupt Verantwortliche gibt, dann sind es diejenigen, die damals an der Macht waren. Aber nicht Frankreich.« Sie fügte hinzu, die vorherrschende liberale Kultur habe »unseren Kindern beigebracht, dass es gute Gründe gebe, [das Land] zu kritisieren und immer nur die dunkelsten Seiten unserer Geschichte zu sehen. Ich hingegen möchte, dass sie wieder stolz auf Frankreich sind.«

In Deutschland, wo das Gesetz eine vergleichbare öffentliche Leugnung des Holocausts verbietet, schockierte die rechtsextreme AfD bei den Wahlen 2017 die Öffentlichkeit, indem sie die drittgrößte Partei im Deutschen Bundestag wurde. Während des Wahlkampfs hielt der Parteivorsitzende Alexander Gauland, eine Rede, in der er sagte: »Kein Volk hat so gründlich mit einer falschen Vergangenheit aufgeräumt wie das deutsche«, und forderte, »dem deutschen Volk die Vergangenheit zurückzugeben«, womit freilich eine Version derselben gemeint war, in der die Deutschen »auf die Leistungen unserer Soldaten in beiden Weltkriegen stolz« sein dürfen. Ähnlich wie einige Republikaner in den USA versuchen, weiße Ressentiments zu bedienen, indem sie sorgfältige historische Forschung zur Brutalität der Sklaverei als ein Mittel zur »Diskriminierung« der amerikanischen Weißen, insbesondere aus dem Süden, anprangern, versucht die AfD, Wählerstimmen zu gewinnen, indem sie die tatsächliche Geschichte der Nazi-Vergangenheit als eine Form der Diskriminierung des deutschen Volkes darstellt. In einer Rede Anfang 2017 in Dresden forderte Björn Höcke, einer der führenden Köpfe der Partei, leidenschaftlich »eine Erinnerungskultur, die uns vor allen Dingen und zuallererst mit den großartigen Leistungen der Altvorderen in Berührung bringt«.[10]

Höckes Äußerungen hallen dem Schöpfer des Mythos von Nazideutschland in verstörender Weise nach. Heinrich Himmler selbst sprach 1936 ähnlich von der Hochschätzung des Erreichten:

Ein Volk lebt so lange glücklich in Gegenwart und Zukunft, als es sich seiner Vergangenheit und der Größe seiner Ahnen bewusst ist.[11]
Wir wollen unseren Mitmenschen und dem deutschen Volk deutlich machen, dass wir nicht nur auf eine etwa tausendjährige Vergangenheit zurückblicken können und dass wir kein barbarisches Volk waren, das über keine eigene Kultur verfügte, die es von anderen hätte übernehmen müssen. – Wir wollen unser Volk wieder stolz auf die eigene Geschichte machen.[12]

Dort, wo die faschistische Politik nicht einfach eine Vergangenheit erfindet, um die Nostalgie als Waffe einzusetzen, greift sie stattdessen selektiv auf die Geschichte zurück und leugnet alles, was die unreflektierte Bewunderung für den Ruhm der Nation schmälern würde.

***

Um eine ehrliche Debatte darüber führen zu können, was unser Land tun und welche Politik es verfolgen sollte, benötigen wir eine gemeinsame Realitätsgrundlage, und zwar auch in Bezug auf unsere Vergangenheit. In einer liberalen Demokratie muss die historische Forschung dem Wahrheitsanspruch verpflichtet sein und ein zutreffendes Bild der Geschichte vermitteln, nicht aber eines, das aus ideologischen Beweggründen erfunden wurde. Im Unterschied dazu ist für faschistische Politik die Forderung charakteristisch, die Vergangenheit zu mythologisieren und eine Lesart des nationalen Erbes zu schaffen, die als Waffe für politische Zwecke dient.

Wem Politiker, die gezielt dazu aufrufen, schmerzliche historische Erinnerungen zu tilgen, keine Sorgen bereiten, der sollte sich mit der psychologischen Literatur zum kollektiven Gedächtnis vertraut machen. In ihrer Studie aus dem Jahr 2013 »Motivated to ›Forget‹: The Effects of In-Group Wrongdoing on Memory and Collective Guilt« legten Katie Rotella und Jennifer Richeson amerikanischen Teilnehmern Geschichten »über die unterdrückerische und gewalttätige Behandlung amerikanischer Indianer« vor, die sie auf zweierlei Weise aufbereitet hatten: »Dabei wurden die Gewalttäter entweder als frühe Amerikaner (In-Group-Bedingung) oder als Europäer beschrieben, die sich im späteren Amerika niederließen (Out-Group-Bedingung).«[13] Die Arbeit zeigt, dass die Befragten eher an einer Art Amnesie des Unrechts leiden, wenn man die Täter ausdrücklich als ihre Landsleute bezeichnet. Wurden amerikanischen Probanden die Gewalttäter als Amerikaner (und nicht als Europäer) präsentiert, legten sie ein deutlich schlechteres Gedächtnis für negative historische Ereignisse an den Tag; und das, »was die Teilnehmer erinnerten, formulierten sie verhaltener, wenn die Täter Mitglieder der eigenen Gruppe waren«.

Die Arbeit von Rotella und Richeson gründet auf einer Reihe früherer Arbeiten mit ähnlichen Ergebnissen.[14] Ohnehin besteht eine ausgeprägte Voreingenommenheit dahingehend, problematische Handlungen, die die eigene Gruppe in der Vergangenheit begangen hat, zu vergessen und herunterzuspielen. Selbst ohne weiteres Zutun würden Amerikaner die Geschichte der Versklavung und des Völkermords herunterspielen, Polen den früheren Antisemitismus kleinreden und Türken dazu neigen, vergangene Gräueltaten an Armeniern zu leugnen. Wo nun Politiker zusätzlich darauf drängen, diese Voreingenommenheit zur offiziellen Bildungspolitik zu machen, gießen sie Öl in ein bereits loderndes Feuer.

Faschistische Anführer berufen sich auf die Geschichte, um die tatsächliche Vergangenheit durch eine glorreiche mythische Erzählung zu ersetzen, die mit ihren spezifischen Merkmalen dem politischen Zweck und dem letztendlichen Ziel dienlich sein soll, Fakten durch Macht zu ersetzen. Um Ungarns restriktive Flüchtlingspolitik zu begründen, beruft sich Ministerpräsident Viktor Orbán auf die Erfahrungen seines Landes im Kampf gegen die osmanische

Besatzung im 16. und 17. Jahrhundert; außerdem verortet er Ungarn in der historischen Rolle eines Verteidigers des christlichen Europas.[15] Freilich war das Land zu jener Zeit Grenzgebiet zwischen einem muslimisch und einem christlich geprägten Großreich, doch die Religion spielte in diesen Konflikten kaum eine zentrale Rolle. (Beispielsweise verlangte das Osmanische Reich von seinen Untertanen keine Konversion.) Die mythische Geschichte, die Orbán präsentiert, ist gerade noch hinreichend plausibel, um die Komplexität der Vergangenheit zu reduzieren und seine Vorhaben zu fördern.

In den Vereinigten Staaten wird die Geschichte des Südens fortwährend mythologisiert, um die Sklaverei schönzufärben. In der Vergangenheit lieferte sie eine Rechtfertigung, schwarzen US-Bürgern noch ein Jahrhundert nach dem Ende dieser Praxis das Wahlrecht zu verwehren. Das zentrale Narrativ dabei ist eine verfälschte Erzählung der sogenannten Reconstruction, der Zeit unmittelbar nach dem Sezessionskrieg 1865, als die Afroamerikaner im Süden zum ersten Mal wählen durften. Damals waren die Schwarzen in einigen Staaten wie South Carolina gegenüber den Weißen in der Mehrheit. Etwa zwölf Jahre lang sprachen ihre Vertreter in zahlreichen bundesstaatlichen Parlamenten mit lauter Stimme und besetzten sogar Positionen im US-Kongress. Die Reconstruction fand ihr Ende, als die Weißen des Südens Gesetze erließen, die dazu führten, dass schwarze Bürger nicht mehr wählen durften. Weiße Südstaatler verbreiteten daraufhin den Mythos, die Schwarzen seien nicht in der Lage gewesen, sich selbst zu regieren, weshalb man ihnen ihre Rechte habe entziehen müssen. In den damals verbreiteten Geschichtsbüchern wurde die Reconstruction als eine Zeit beispielloser politischer Korruption dargestellt, in der die Stabilität erst wiederhergestellt werden konnte, nachdem die Weißen erneut die volle Macht erhalten hatten.

W. E. B. Du Bois' Meisterwerk *Black Reconstruction* aus dem Jahr 1935 ist eine überzeugende Widerlegung dieser »offiziellen« Geschichte. Darin zeigt er, dass die Südstaatler, unter Mitwirkung der Eliten des Nordens, der Reconstruction deshalb ein Ende bereiteten, weil die wohlhabenden Schichten befürchteten, die kürzlich befreiten Afroamerikaner könnten sich mit armen Weißen zu einer mächtigen Arbeiterbewegung zusammenschließen, um gegen die Interessen des Kapitals vorzugehen. Du Bois legt dar, dass die Reconstruction eine Zeit gerechten Regierungshandelns war, in der schwarze Gesetzgeber nicht allein ihr Eigeninteresse verfolgten, sondern sich auch den Ängsten ihrer weißen Mitbürger öffneten, um ihnen entgegenzukommen. *Black Reconstruction* wurde von weißen Historikern zunächst weitgehend ignoriert; erst in den 1960er-Jahren erkannte man den von Du Bois geschilderten Geschichtsverlauf weitgehend als Tatsache an.

Aus politischen Gründen verbreiteten akademische Historiker wissentlich eine falsche Geschichte der Reconstruction. Sie nutzten ihr Fach nicht, um der Wahrheit nachzuspüren, sondern instrumentalisierten es, um die psychischen Wunden weißer Amerikaner zu heilen, die im Zuge des Sezessionskriegs entstanden waren. Indem sie ein beschwichtigendes Geschichtsbild vermittelten, das die krassen moralischen Unterschiede zwischen den Bundesstaaten überdeckte, rechtfertigten diese Historiker die Aufhebung des minimalen Schutzes, den die Staatsbürgerschaft schwarzen Bürgern in ehemaligen Pro-Sklaverei-Staaten bot. Das letzte Kapitel von *Black Reconstruction* trägt den Titel »Die Propaganda der Geschichte«. Darin prangert Du Bois entschieden die Praxis an, sich auf die Ideale der Geschichtswissenschaft – Wahrheit und Objektivität – zu berufen, um politische Ziele zu erreichen. Das schade der gesamten Disziplin. Historiker, die unter dem Deckmantel dieser hochgehaltenen Ideale ein falsches Narrativ zu politischen Zwecken verbreiten, machen sich laut Du Bois schuldig, Geschichte in Propaganda zu verwandeln.

2 Propaganda

Eine Politik, die einer großen Gruppe von Menschen schadet, lässt sich schwerlich ohne Weiteres durchsetzen. Die Aufgabe der Propaganda besteht darin, offenkundig unangenehme Absichten von Politikern oder politischen Bewegungen zu verschleiern, indem sie diese mit allgemein akzeptierten Idealen kaschiert. So wird aus einem gefährlichen, destabilisierenden Krieg um die Macht stattdessen ein Krieg, dessen Ziel Stabilität ist, oder einer, dessen Ziel Freiheit ist. Um die Menschen hinter ansonsten verwerflichen Ambitionen zu vereinen, bedient sich Propaganda der Sprache hehrer Ideale.

Präsident Richard Nixons »Krieg gegen das Verbrechen« ist ein gutes Beispiel dafür, wie problematische Zwecke mit tugendhaften Zielen verbrämt werden. Die Harvard-Historikerin Elizabeth Hinton behandelt diese Taktik in ihrem Buch *From the War on Poverty to the War on Crime* (»Vom Krieg gegen die Armut zum Krieg gegen das Verbrechen«) unter Rückgriff auf Tagebuchaufzeichnungen von Nixons Stabschef, H. R. Haldeman: »Man muss dem Umstand ins Auge sehen, dass das ganze Problem tatsächlich die Schwarzen sind«, zitierte er den Präsidenten in einem Eintrag vom April 1969. »Die Lösung besteht darin, ein System zu entwickeln, das dies anerkennt, ohne dass es offensichtlich wird.« Nixon kam zu dem Schluss, dass eine Politik der Verbrechensbekämpfung die rassistischen Absichten hinter den innenpolitischen Programmen seiner Regierung wirksam verschleiern konnte.[1] Seine Rhetorik von »Recht und Ordnung«, die sich an dieses Gespräch anlehnte, diente dazu, eine rassistische Agenda zu kaschieren, die innerhalb der Mauern des Weißen Hauses ganz offenkundig war.

***

Schon seit Generationen haben Faschisten »Sümpfe trockengelegt«. Die Veröffentlichung falscher Korruptionsvorwürfe bei gleichzeitiger Ausübung korrupter Praktiken ist typisch für faschistische Politik, und Anti-Korruptionskampagnen stehen häufig im Mittelpunkt faschistischer Bewegungen. Typischerweise beklagen ihre Politiker Bestechung, Vetternwirtschaft und Klüngel in dem Staat, in dem sie die Macht übernehmen wollen –, was jedoch bizarr anmutet, wenn man bedenkt, dass sie selbst in der Regel weitaus korrupter sind als diejenigen, die sie ablösen oder besiegen wollen. Wie der Historiker Richard Grunberger in seinem Buch *The 12-Year Reich* schreibt:

> *Es war eine paradoxe Situation. Nachdem die Nazis im kollektiven Bewusstsein verankert hatten, dass Demokratie und Korruption gleichbedeutend sind, machten sie sich daran, ein Regierungssystem zu errichten, neben dem die Skandale des Weimarer Regimes sich wie kleine Pusteln auf dem Staatskörper ausnahmen. In der Tat war die Korruption das zentrale Organisationsprinzip des Dritten Reiches – und dennoch übersahen viele Bürger diesen Umstand nicht nur, sondern hielten die Männer des neuen Regimes sogar für streng auf moralische Rechtschaffenheit bedacht.*[2]

***

Für einen faschistischen Politiker ist die Korruption der Reinheit wichtiger als die Korruption des Rechts. Nach außen hin klingen ihre Anklagen so, als richteten sie sich gegen politische Missstände, allerdings sollen derartige Äußerungen eher auf eine Zersetzung der traditionellen Ordnung hinweisen.

Die Korruptionsvorwürfe, die zum Ende der Reconstruction führten, waren frei erfunden. Laut W. E. B. Du Bois bestanden sie im Kern tatsächlich darin, »dass arme Männer reiche Männer beherrschen und besteuern«.[3] In seiner Schilderung der wichtigsten rhetorischen Behauptung hinter der Entrechtung schwarzer Bürger schreibt er:

> *Letztendlich erklärte der Süden in fast vollständiger Einmütigkeit den Schwarzen zur Hauptursache der Korruption im Süden. Sie wiederholten diesen Vorwurf so lange, bis er Geschichte wurde: Die Ursache für die Unredlichkeit während des Wiederaufbaus sei die Tatsache, dass 4000000 entrechtete schwarze Arbeiter nach 250 Jahren der Ausbeutung ein gesetzliches Mitspracherecht erhielten: in Bezug auf ihre eigene Regierung, auf die Art der Waren, die sie herstellten, auf die Art und Weise der von ihnen geleisteten Arbeit, sowie hinsichtlich der Verteilung des Wohlstands, den sie schufen.*[4]

In den Augen vieler weißer Amerikaner muss Präsident Obama korrupt gewesen sein, denn schon seine Übernahme des Amtes im Weißen Haus kam einer Korruption der althergebrachten Ordnung gleich; ebenso, wenn Frauen politische Machtpositionen besetzen, die normalerweise Männern vorbehalten sind, oder wenn Muslime, Schwarze, Juden, Homosexuelle und »Kosmopoliten« von den öffentlichen Gütern einer Demokratie, wie zum Beispiel der Gesundheitsversorgung, profitieren oder sogar an ihnen teilhaben.[5] Faschistische Politiker wissen, dass ihre Anhänger bei ihrer eigenen, tatsächlichen Korruption ein Auge zudrücken, da sich in ihrem Fall lediglich Angehörige des auserwählten Volkes das nehmen, was ihnen ohnehin rechtmäßig zusteht.

Die Verschleierung von Korruption unter dem Deckmantel ihrer Bekämpfung ist eine typische Strategie faschistischer Propaganda. Für viele Jahre war Wladislaw Surkow quasi der Propagandaminister Wladimir Putins. In seinem Buch *Nothing Is True and Everything Is Possible: The Surreal Heart of the New Russia* beschreibt der Journalist Peter Pomerantsev Surkows »politisches System en miniature« als demokratische Rhetorik in undemokratischer Absicht.[6]

Die undemokratische Absicht hinter der faschistischen Propaganda ist zentral. Faschistische Staaten konzentrieren sich auf die Zerschlagung der Rechtsstaatlichkeit mit dem Ziel, sie durch das Diktat einzelner Machthaber oder Parteibosse zu ersetzen. In der faschistischen Politik ist es üblich, die Justiz scharf zu kritisieren, indem man sie der Voreingenommenheit – ebenfalls einer Art Korruption – bezichtigt. Damit sollen unabhängige Richter durch solche ersetzt werden, die die Rechtsprechung in zynischer Weise als Mittel zum Schutz der Interessen der herrschenden Partei einsetzen. Der jüngste rasche Übergang einiger scheinbar erfolgreicher demokratischer Staaten wie Ungarn und Polen zu einer nichtdemokratischen Form der Herrschaft hat die Effektivität dieser Taktik der Unterminierung einer unabhängigen Justiz besonders deutlich gemacht. Denn in beiden Ländern wurden bald nach der Machtübernahme antidemokratischer Regime Gesetze erlassen, um unabhängige Richter durch loyale Parteigänger zu ersetzen. Die offizielle Begründung lautete, dass die frühere Praxis richterlicher Neutralität lediglich als Deckmantel für die Voreingenommenheit gegenüber der jeweiligen Regierung gedient habe.[7] Im Namen der Beseitigung von Korruption und angeblicher Parteilichkeit attackieren und schwächen faschistische Politiker diejenigen Institutionen, die ansonsten ihre Macht einschränken können.

***

Ebenso wie die faschistische Politik im Namen der Korruptionsbekämpfung die Rechtsstaatlichkeit angreift, gibt sie auch vor, die Freiheitsrechte und die individuellen Freiheiten zu schützen. Doch diese sind stets an die Unterdrückung bestimmter Gruppen geknüpft. Am 5. Juli 1852 hielt der amerikanische Redner und Verfechter des Abolitionismus, Frederick Douglass, eine Rede zum amerikanischen Unabhängigkeitstag am 4. Juli. Er beginnt mit einer Feststellung, dass an diesem Tag die politische Freiheit gefeiert werde:

> *Der Grund für diese Feier ist der 4. Juli. Es ist der Geburtstag eurer nationalen Unabhängigkeit und eurer politischen Freiheit. Dies ist für Sie, was das Passahfest für das emanzipierte Volk Gottes war.*[8]

Den ersten Teil seiner Rede verwendet er darauf, das Engagement der Gründerväter für die Sache der Freiheit zu loben und den 4. Juli als Tag der Feier dieses Ideals zu preisen. Dann aber wendet sich Douglass, der früher selbst versklavt war, der Gegenwart zu und fragt:

> *Einen Mann in Fesseln in den großen, lichterfüllten Tempel der Freiheit zu zerren und ihn aufzufordern, mit euch Freudenhymnen zu singen, wäre unmenschlicher Spott und schändliche Ironie. Bürger, wollt ihr mich verhöhnen, indem ihr mich bittet, heute zu reden?*[9]

In dieser berühmten Rede mit dem Titel »What to the Slave is the Fourth of July?« (»Was bedeutet der 4. Juli für einen Sklaven?«) prangert Douglass die Heuchelei eines Landes an, das Sklaverei praktiziert und zugleich das Ideal der Freiheit feiert. Die Amerikaner des 19. Jahrhunderts, einschließlich derer, die in den Südstaaten lebten, hielten ihre Nation in dieser Hinsicht für ein leuchtendes Vorbild in der Welt. Wie ist das möglich, fragte Douglass, wo sie doch durch die Arbeit versklavter Afrikaner und von einer indigenen Bevölkerung aufgebaut worden war, deren Eigentumsrechte – und oft ihr Recht auf Leben – man zutiefst missachtet hatte? Die Freiheitsrhetorik konnte unter den Amerikanern aufgrund des weit verbreiteten Glaubens verfangen, dass sowohl die Ureinwohner wie auch die aus Afrika importierte versklavte Bevölkerung nicht als Empfänger von Freiheitsrechten in Frage kommen. Dieser Gedanke einer Hierarchie der Werte zwischen verschiedenen Ethnien ist ein Paradebeispiel für faschistische Ideologie. Während der Konföderation waren die Freiheiten der weißen Südstaatler ausdrücklich an die Praxis der Sklaverei geknüpft. Wenn andere die Arbeit für einen erledigen, ist man frei zu tun, was man will – zumindest oberflächlich betrachtet. Die Freiheiten, die das gemächliche

Dasein der Südstaatler mit sich brachte, hingen unmittelbar mit der Doktrin der ethnischen Überlegenheit der Weißen zusammen. Unter diesen strukturellen Bedingungen beruhte schon das bloße Konzept von Freiheit im Süden auf ihrer Perversion in der Praxis der Sklaverei. Eine ähnliche Umkehrung findet sich auch in der Rhetorik der »Staatenrechte« wieder, mit der man die Autonomie der Südstaaten gegen vermeintliche Übergriffe des Bundes verteidigen wollte.* Am besten bekannt ist jedoch ihr Einsatz gegen die Abschaffung der Sklaverei und der Jim-Crow-Gesetze, die das Wahlrecht der Schwarzen einschränkten. Die Freiheit, die viele Weiße in den Südstaaten mit der Forderung nach »Staatenrechten« anstrebten, war die Freiheit, die Freiheiten ihrer schwarzen Mitbürger einzuschränken.

Historisch gesehen sind faschistische Anführer häufig durch demokratische Wahlen an die Macht gekommen. Allerdings endet das Bekenntnis zur Freiheit, wie beispielsweise zur Freiheit des Wahlrechts, in der Regel mit diesem Sieg. Nachdem Hitler in *Mein Kampf* die parlamentarische Demokratie mit Schmäh bedacht hat, lobt er die »wahrhaftige germanische Demokratie« mit ihrer »freien Wahl des Führers, mit dessen Verpflichtung zur vollen Übernahme aller Verantwortung für sein Tun und Lassen«.[10] Was Hitler hier beschreibt, ist die absolute Herrschaft eines Führers nach einer vorangegangenen demokratischen Abstimmung. In seiner Beschreibung dessen, was er die »wahrhaftige germanische Demokratie« nennt, gibt es keinen Hinweis darauf, dass dieser sich im Anschluss jemals wieder einer Wahl zu stellen hat. (Hitler beruft sich hier zu-

---

* Anm. d. Übers.: Vor dem Hintergrund des amerikanischen Sezessionskriegs benutzten die Südstaaten das Argument, diverse auf Bundesebene beschlossene Gesetze, wie etwa die Abschaffung der Sklaverei (und später das Wahlrecht der Schwarzen), verletzen ihre Rechte als Bundesstaaten (»States' Rights«). Bis heute taucht der Begriff immer wieder als rechtsextreme Parole auf, die eine Ablehnung diverser Bürgerrechte, darunter auch die Homo-Ehe oder Abtreibung, zum Ausdruck bringen soll.

dem auf die mythische Vergangenheit, als mittelalterliche deutsche Könige auf Lebenszeit gewählt wurden.)[11] Ein solches System lässt sich nicht als Demokratie bezeichnen.

Ob die Konföderation den Begriff der Freiheit benutzt und die Südstaaten ihre »Staatenrechte« fordern, um die Sklaverei zu verteidigen, oder ob Hitler eine diktatorische Herrschaft als Demokratie ausgibt: Die liberalen demokratischen Ideale müssen als Deckmantel herhalten, um sich selbst zu untergraben. In jedem dieser Fälle sollen fadenscheinige Argumente belegen, dass das antiliberale Ziel in Wahrheit eine Verwirklichung des liberalen Ideals sei. So führten die Konföderation und der Jim-Crow-Süden in den USA an, die »Staatenrechte« – ein Ausdruck des Ideals der Selbstbestimmung – würden die Unterdrückung anderer Ethnien erlauben, da es sich dabei um eine freie Entscheidung der einzelnen Bundesstaaten handle. Hitler argumentierte, dass nur die »wahre germanische Demokratie« – also die Diktatur eines Einzelnen – eine echte Demokratie sei, weil lediglich in einem solchen System eine echte individuelle Verantwortung für politische Entscheidungen bestehe. Schließlich liege die Macht, diese zu treffen, bei einer einzelnen Person – und »individuelle Verantwortung« ist ein liberaler Begriff par excellence.

***

In Buch 8 von Platons *Der Staat* argumentiert Sokrates, dass die Menschen nicht von Natur aus zur Selbstbestimmung geführt werden, sondern vielmehr einen Anführer suchen, dem sie folgen können. Indem die Demokratie Redefreiheit zulasse, öffne sie dem Demagogen Tür und Tor, der das Bedürfnis des Volkes nach einem starken Mann ausnutze, und dieses einsetze, um die Ressentiments und Ängste der Leute zu instrumentalisieren. Sobald ein solcher Machtmensch die Führung übernommen habe, werde er die Volksherrschaft abschaffen und sie durch eine Tyrannei ersetzen. Kurz gesagt behauptet Buch 8 von *Der Staat*, dass die Demokratie ein sich selbst untergrabendes System sei, deren Ideale unweigerlich zu ihrem Untergang führen.

Mit dieser Anleitung, die liberalen Freiheiten gegen sich selbst zu richten, sind die Faschisten seit jeher vertraut. Ein Zitat aus dem Jahr 1935, häufig Joseph Goebbels zugeschrieben, besagt etwa: »Das wird immer einer der besten Witze der Demokratie bleiben, dass sie ihren Todfeinden die Mittel selber stellte, durch die sie vernichtet wurde.«[12] Heute verhält es sich nicht anders als damals. Auch diese Strategie wird von den Feinden der liberalen Demokratie angewandt, indem sie das Recht auf freie Meinungsäußerung bis an seine Grenzen strapazieren und es letztendlich dazu benutzen, die Redefreiheit anderer zu untergraben.

Desiree Fairooz ist eine ehemalige Bibliothekarin und Aktivistin, die der Anhörung von Jeff Sessions für den Posten des US-Justizministers vor dem zuständigen Senatsgremium beiwohnte. Im Jahr 1986 war die Berufung des ehemaligen Senators aus Alabama zum Bundesrichter vom Senat wegen des Vorwurfs des Rechtsextremismus, insbesondere des Rassismus, abgelehnt worden (während seiner Amtszeit hatte er bereits Bekanntheit dafür erlangt, Panik vor Immigranten zu schüren.) Als Senator Richard Shelby aus Alabama erklärte, Sessions verfüge über eine »gut dokumentierte Bilanz der Gleichbehandlung aller Amerikaner vor dem Gesetz«, musste Fairooz leise lachen. Sie wurde umgehend verhaftet und wegen ungebührlichen Verhaltens und Unruhestiftung angeklagt. Das bald darauf von Sessions geführte Justizministerium erhob Anklage gegen sie. Nachdem ein Richter diese im Sommer 2017 mit der Begründung abgewiesen hatte, dass Lachen eine erlaubte Ausdrucksform sei, beschloss die Behörde im September 2017, den Prozess weiter zu verfolgen; erst im November desselben Jahres gab das Justizministerium seinen Versuch auf, Fairooz wegen Kicherns vor Gericht zu stellen.

Jeff Sessions ist nicht gerade ein Verfechter der Redefreiheit. Gleichwohl hielt er im selben Monat, in dem sein Ministerium versuchte, eine amerikanische Bürgerin wegen Lachens zu belangen, eine Rede an der Georgetown Law School, in der er die Universitäten – unter der Annahme, sie würden rechtsgerichtete Stimmen unterdrücken – dafür rügte, dass sie ihrer Verpflichtung zur Wahrung der Redefreiheit nicht nachkommen. Dabei forderte er ein »nationales Bekenntnis zur freien Meinungsäußerung und zum Ersten Zusatzartikel«* (in derselben Woche ging Präsident Trumps Aufforderung an die Besitzer der Football-Teams durch die Nachrichten, Spieler zu entlassen, die während der Nationalhymne niederknieten, um gegen Rassismus zu protestieren – ein paradigmatisches Beispiel für die Ausübung der Rechte des Ersten Zusatzartikels.)

Die Politik der Vereinigten Staaten ist in den letzten Jahren stark von der Pro-Redefreiheit-Rhetorik rechtsextremer Nationalisten gezeichnet. So werden Trumps regelmäßige Kundgebungen in Portland, Oregon, »Free Speech Rallies« genannt. Im Mai 2017 war die Stadt Schauplatz eines besonders brutalen, weißen nationalistischen Terrorakts: Jeremy Joseph Christian, ein 35-jähriger Rechtsextremist, stach angeblich auf drei Personen ein, die dazwischengegangen waren, nachdem er zwei junge Frauen antimuslimisch beleidigt hatte. Zwei Opfer seines Angriffs erlagen ihren Verletzungen. Als man ihn für die Anklage in den Gerichtssaal brachte, brüllte Christian:

> *Redefreiheit oder stirb, Portland! Du hast hier keinen geschützten Ort. Dies ist Amerika. Hau ab, wenn dir die Redefreiheit nicht gefällt. Du sprichst von Terrorismus – ich nenne es Patriotismus.*[13]

Die Daseinsberechtigung freier Meinungsäußerung in einer Demokratie leitet sich von der Möglichkeit eines öffentlichen Diskurses

* Anm. d. Übers.: Der Erste Zusatzartikel (»First Amendment«) zur Verfassung der Vereinigten Staaten garantiert allen US-Bürgern zivile Grundrechte wie beispielsweise Rede-, Religions-, Presse- und Versammlungsfreiheit.

über die Politik seitens der Bürger und ihrer Vertreter ab. Aber Debatten, bei denen einer den anderen mit Beleidigungen zuschüttet, ganz zu schweigen von körperlicher Gewalt, und bei denen Protest im Anschluss als Angriff auf die Redefreiheit angeprangert wird, sind nicht die maßgebliche Art des öffentlichen Diskurses, den dieses Grundrecht schützen soll. Äußerungen, wie Jeremy Joseph Christian sie tätigte, verhindern einen solchen eher, als ihn zu erleichtern.

Es wird häufig und mit Recht darauf hingewiesen, dass der Faschismus das Irrationale über das Rationale und fanatische Emotionen über den Intellekt stellt. Weniger häufig thematisiert wird hingegen, dass der Faschismus diese Erhöhung indirekt, also propagandistisch, durchführt. »The Rhetoric of Hitler's ›Battle‹« (»Die Rhetorik in Hitlers ›Mein Kampf‹«) ist ein Essay des amerikanischen Literaturtheoretikers Kenneth Burke aus dem Jahr 1939. Darin analysiert er Hitlers wiederholtes Ringen um nationalsozialistische Ideale; wie etwa seine Erkenntnis, dass das Leben ein Kampf zwischen Gruppen um die Macht sei, in dem Vernunft und Objektivität keine Rolle spielen, seine Einsicht, dass es sich beim Menschen um ein Tier handle, sowie seine Ablehnung der vernunftgeleiteten Aufklärung. Burke schreibt: »Diejenigen, die den Hitlerkult als einen Kult des Irrationalen angreifen, sollten ihre Aussagen folgendermaßen korrigieren: Irrational ist er, aber er wird unter der Überschrift der ›Vernunft‹ betrieben.« Faschisten lehnen die Ideale der Aufklärung ab und verkünden zugleich, dass die harte Konfrontation mit der Realität, mit dem Naturgesetz, sie dazu zwinge. Wie Burke anmerkt, beschreibt Hitler seinen Wandel zum »fanatischen Antisemiten« als »einen Kampf der ›Vernunft‹ und der ›Wirklichkeit‹ gegen sein ›Herz‹«. Der Faschist behauptet, wissenschaftliches Kalkül habe ihn zu der Überzeugung getrieben, dass das Leben ein gnadenloser Kampf um die Vorherrschaft sei, bei dem jene für die Erkenntnis ursächliche Kraft – das aufklärerische Ideal der universellen Vernunft – aufgegeben werden müsse.

3 Anti-Intellektualismus

Faschistische Politik will den öffentlichen Diskurs zersetzen, indem sie Bildung, Fachwissen und Sprache abwertet. Ohne Bildung mit Zugang zu unterschiedlichen Perspektiven, ohne Respekt vor dem Fachwissen anderer, wenn der eigene Sachverstand nicht mehr ausreicht, und ohne eine Sprache, die hinreichend differenziert ist, um die Realität präzise zu beschreiben, wird eine vernünftige Debatte unmöglich. Sobald Bildung, Fachwissen und Sprache unterminiert sind, bleiben nur noch Macht und Gruppenzugehörigkeiten übrig.

Dies bedeutet nicht, dass Universitäten und Schulen für die faschistische Politik keine Rolle spielen. Aber sie dürfen im Kontext der Ideologie nur einen legitimen Standpunkt vertreten: den der dominanten Nation. Entsprechend sollen die Schulen ihre Schüler mit der herrschenden Kultur und ihrer mythischen Vergangenheit vertraut machen. So stellt die Bildung für den Faschismus entweder eine ernste Bedrohung dar oder sie wird zu einem Stützpfeiler der mythischen Nation. Kein Wunder also, dass Proteste und kulturelle Auseinandersetzungen auf dem Campus einem regelrechten politischen Schlachtfeld gleichkommen und landesweit Aufmerksamkeit erregen. Es steht viel auf dem Spiel.

***

Zumindest in den letzten 50 Jahren waren die Universitäten das Epizentrum des Protests gegen Ungerechtigkeit und autoritäre Übergriffe. Man denke zum Beispiel an ihre einzigartige Rolle in der Antikriegsbewegung während der 1960er-Jahre. Wo das Recht auf freie Meinungsäußerung gilt, können Propagandisten abweichende Positionen nicht frontal angreifen; stattdessen müssen sie diese zunächst als etwas Gewalttätiges und Bedrohliches darstellen – so wird ein Protest zu einem »Krawall«. 2015 breitete sich die »Black-Lives-Matter«-Bewegung, die gegen Polizeigewalt und Rassenungleichheit demonstrierte, in den Vereinigten Staaten aus und griff auf die Universitäten über. In Anbetracht der Tatsache, dass die Proteste in Ferguson, Missouri, ihren Anfang hatten, ist es keine Überraschung, dass sie den Campus der University of Missouri zuerst erreichten. Der Name der dortigen Studierendenbewegung lautete »Concerned Student 1950« und sollte an das Jahr erinnern, in dem die Hochschule desegregiert worden war. Zu ihren Zielen gehörte es, die rassistischen Übergriffe zu bekämpfen, unter denen schwarze Studierende regelmäßig zu leiden hatten, und gegen Lehrpläne zu demonstrieren, die Kultur und Zivilisation ausschließlich als das Produkt weißer Männer darstellten. Die Presse ignorierte diese Beweggründe weitgehend und schlachtete die Situation aus, indem sie die schwarzen Studierenden bei ihrem Protest als wütenden Mob zeichnete, um damit den Zorn gegen die vermeintlich liberalen politischen Auswüchse der Universität zu schüren.

Faschistische Politik zielt darauf ab, die Glaubwürdigkeit von Institutionen wie Medien und Hochschulen, in denen unabhängige, abweichende Stimmen zu hören sind, so lange zu untergraben, bis man sie durch Institutionen ersetzen kann, die diese Stimmen verschweigen lassen. Eine typische Methode ist hierbei die Unterstellung von Heuchelei. Derzeit wirft eine Kampagne von rechter Seite den Universitäten Scheinheiligkeit in Sachen Meinungsfreiheit vor. Ihr zufolge beteuern die Hochschulen zwar, diese in höchsten Ehren zu halten, gleichzeitig unterdrücken sie aber alle Positionen, die nicht links seien, indem sie auf dem Campus Demonstrationen gegen sie zulassen. In jüngster Zeit haben die Kritiker sozialer Gerechtigkeitsbewegungen eine wirksame Methode gefunden, um sich selbst als Opfer des Protests zu inszenieren: Sie behaupten schlicht, dass die Demonstrierenden ihnen ihre persönliche Meinungsfreiheit verweigern wollen.

Diese Anschuldigungen dringen bis in die Seminarräume vor. David Horowitz ist ein rechtsextremer Aktivist, der seit den 1980er-Jahren Universitäten – und die Filmindustrie – ins Visier nimmt. 2006 veröffentlichte er ein Buch mit dem Titel *The Professors*, in dem er die »101 gefährlichsten Professoren Amerikas« aufführt, eine Liste linker und liberaler Hochschullehrer, von denen viele für die Rechte der Palästinenser eintraten. 2009 veröffentlichte er ein weiteres Buch namens *One-Party Classroom* (»Ein-Parteien-Klassenzimmer«), das eine Liste der »150 gefährlichsten Lehrveranstaltungen in Amerika« enthält.

Um seine Ideen zu verbreiten, hat Horowitz zahlreiche Organisationen gegründet. 1988 rief er das Center for the Study of Popular Culture ins Leben, eine rechtsextreme Denkfabrik, die antimuslimisches Gedankengut – auch an Universitäten – verbreitete. Später benannte sie sich zum David Horowitz Freedom Center (DHFC) um. Ab 1992 publizierte er das monatlich erscheinende Boulevardblatt *Heterodoxy*, das sich laut dem Southern Poverty Law Center »an Studierende richtete, die nach Horowitz' Ansicht von der etablierten Linken an amerikanischen Universitäten indoktriniert worden waren«. Zudem steht er der Organisation Students for Academic Freedom vor, die 2003 als »Kampagne für Fairness und Inklusion in der höheren Bildung« gegründet wurde. Ihr Ziel besteht darin, die Einstellung von Professoren mit konservativer Weltanschauung voranzutreiben – eine Bemühung, die als Förderung der »intellektuellen Vielfalt und akademischen Freiheit an Amerikas Colleges und Universitäten« vermarktet wird, so die Young America's Foundation. In den vergangenen Jahrzehnten zählte Horowitz noch zu den Randfiguren der extremen Rechten in den USA. In jüngster Zeit sind seine Taktiken und Ziele sowie seine Rhetorik jedoch Teil des Mainstreams geworden, wo Agitation gegen die »politische Korrektheit« auf dem Campus mittlerweile an der Tagesordnung steht.

Die Trump-Regierung hat Horowitz' Programmatik aggressiv vorangetrieben. So erklärte Jesse Panuccio, einer der ranghöchsten Staatsanwälte des Landes, am 26. Januar 2018 während einer Rede an der Northwestern University, dass die Redefreiheit auf dem Campus

> *ein äußerst wichtiges Thema ist, und zwar – wie Sie wahrscheinlich wissen – eines, das Generalstaatsanwalt Sessions zu einer Priorität für das Justizministerium gemacht hat. Es ist eine Priorität, weil es unserer Ansicht nach an vielen Universitäten im ganzen Land nicht mehr gelingt, die freie Meinungsäußerung zu schützen und zu fördern.*

Trumps Präsidentschaftswahlkampf wurde mitunter als ein einziger langer Angriff auf die »politische Korrektheit« beschrieben.[1] Es ist durchaus kein Zufall, dass seine Rhetorik gut zu den Gesprächspunkten einiger finanzstarker Institutionen passt, die eigens entstanden sind, um Universitäten als Bastionen des Liberalismus zu attackieren und zu delegitimieren. So bestehen Verbindungen zwischen der früheren Trump-Regierung, insbesondere ihren Mitgliedern rechts außen, und Horowitz' Hauptorganisation, dem David Horowitz Freedom Center. Laut einer im Juni 2017 veröffentlichten Untersuchung der *Washington Post* unterstützte das DHFC Akteure, die eindeutig beabsichtigten, die offizielle Politik Washingtons zu destabilisieren und nach rechts zu verschieben, darunter Justizminister Jeff Sessions, Politikberater Stephen Miller und Chefstratege Stephen Bannon.[2] Dem Artikel zufolge äußerte sich Horowitz am 14. Dezember 2016 »glücklich über Trumps Sieg und sagte, die Republikaner seien endlich aufgewacht und haben seinen politischen Ansatz verstanden«, wobei er Linke als Feinde der Meinungsfreiheit anprangerte.

Mindestens elf Mitglieder der früheren Trump-Regierung rechnet Horowitz zu den Unterstützern des DHFC, darunter neben Sessions, Bannon und Miller, den Horowitz zu Recht als »eine Art Protegé von mir« bezeichnet (der Artikel dokumentiert seine langjährige Unterstützung von Millers Karriere), auch den ehemaligen Vizepräsidenten Mike Pence. Das Zentrum ist schon seit vielen Jahren stark in die Karrieren hochrangiger Trump-Anhänger in der Politik involviert und diente laut der Untersuchung der *Washington Post* lange Zeit als eine Art informeller Treffpunkt für die rechtsextremen Mitglieder der Regierung.

Horowitz' Attacken gegen die Universitäten entbehren jeglicher Legitimation. Durch den formalen Schutz der akademischen Freiheit genießen die Hochschulen in den Vereinigten Staaten unter allen Arbeitsplätzen das höchste Maß an Meinungsfreiheit. In der amerikanischen Privatwirtschaft ist diese hingegen ein Hirngespinst. Arbeitnehmer unterliegen oftmals Vertraulichkeitsvereinbarungen, die es ihnen untersagen, über gewisse Dinge zu sprechen. Vielerorts können Beschäftigte wegen politischer Äußerungen in sozialen Medien entlassen werden. Bei einem Angriff auf die einzigen Arbeitsplätze im Land, die freie Meinungsäußerung tatsächlich garantieren, ausgerechnet sie selbst als Begründung dafür anzuführen, ist ein weiteres Beispiel für den bekannten Orwell'schen Charakter der faschistischen Propaganda.

Im Januar 2017 änderte der Abgeordnete Rick Brattin aus Missouri einen zuvor eingebrachten Gesetzentwurf, sodass dieser sämtliche unbefristeten Professuren an den öffentlichen Universitäten seines Bundesstaates verbieten sollte. Nachdem er akademische Festanstellungen in einem Interview mit *The Chronicle of Higher Education* als »unamerikanisch« bezeichnet hatte, fügte Brattin hinzu:

> *Irgendetwas stimmt hier nicht, irgendetwas ist kaputt, und ein Professor, der unsere Kinder erziehen sollte, sollte sich darauf konzentrieren, sicherzustellen, dass ihnen eine bessere Zukunft bevorsteht; stattdessen aber beschäftigt er sich mit politischen Dingen, mit denen er sich nicht befassen sollte. Weil sie unbefristete Stellen haben, können sie das tun. Und das ist verkehrt.*[3]

Auf die Frage, ob er nicht besorgt sei, dass die Abschaffung der Festanstellung die akademische Freiheit gefährden und dazu führen könnte, dass Professoren aus politischen Gründen ihre Stelle verlieren, antwortete Brattin mit der Gegenfrage, in welchen anderen Berufen man diese Freiheit denn habe und warum die akademische Welt eine Ausnahme sein solle. Je nach Fachgebiet hat die Arbeit von Gelehrten jedoch zwangsläufig politische Implikationen. Die Angriffe von rechts bezeugen den Wunsch dieses politischen Flügels, zu bestimmen, welche Forschung legitim ist und welche nicht. Die Taktik, Institutionen anzugreifen, die für eine vernünftige und transparente Debatte eintreten, erfolgt – ganz im klassischen Stil der demagogischen Propaganda – unter dem Deckmantel derselben Ideale.

***

Faschisten nehmen an den Universitäten Professoren ins Visier, die sie für zu politisch – typischerweise für zu marxistisch – halten, und denunzieren dabei ganze Fachrichtungen. Sobald faschistische Bewegungen in liberal-demokratischen Staaten aufkommen, greifen sie bestimmte akademische Disziplinen bevorzugt an. So stehen zum Beispiel die Gender Studies weltweit seitens rechtsextremer Nationalisten unter Beschuss. Den Professoren und Lehrern in diesen Bereichen wird vorgeworfen, die nationalen Traditionen geringzuschätzen.

Wann immer der Faschismus droht, denunzieren seine Vertreter und Förderer Universitäten und Schulen als Quellen »marxistischer Indoktrination«, des klassischen Schreckgespenstes faschistischer Politik. In der Regel verwenden sie diese Bezeichnung ohne jeglichen tatsächlichen Bezug zu Marx oder dem Marxismus; er dient lediglich als Mittel zur Verunglimpfung des Konzepts der Gleichheit. Aus diesem Grund werden Universitäten, die versuchen, auch marginalisierten Perspektiven einen gewissen intellektuellen Raum zu geben, als Brutstätten des »Marxismus« verschrien. Im

Faschismus geht es stets um die dominante Sichtweise. Daher erfahren in Zeiten, in denen er erstarkt, jene Akteure Rückhalt, die Disziplinen anprangern, sofern sie andere Auffassungen als die dominante lehren – wie etwa die Gender Studies oder, in den Vereinigten Staaten, die Black Studies oder die Middle East Studies. Die vorherrschende Sichtweise wird vielfach als die eine Wahrheit, die »wahre Geschichte«, dargestellt und jeder Versuch, alternativen Sichtweisen Raum zu geben, als »Kulturmarxismus« verspottet.*

Die faschistische Opposition gegen die Gender Studies speist sich insbesondere aus ihrer patriarchalen Ideologie. Der Nationalsozialismus bekämpfte die Frauenbewegung und den Feminismus im Allgemeinen; seine Anhänger sahen darin eine jüdische Verschwörung mit dem Zweck, die Fruchtbarkeit arischer Frauen zu zerstören. Charu Gupta fasst die Haltung der Nazis gegen feministische Bewegungen treffend zusammen:

> *[Die Nazis] glaubten, dass die Frauenbewegung Teil einer internationalen jüdischen Verschwörung sei, um die deutsche Familie zu zersetzen und damit die deutsche Rasse zu auszumerzen. Die Bewegung, so wurde behauptet, ermutige Frauen, ihre wirtschaftliche Unabhängigkeit einzufordern und ihre eigentliche Aufgabe – Kinder zu gebären – zu vernachlässigen. Sie verbreite die femininen Lehren von Pazifismus, Demokratie und »Materialismus«. Indem sie Empfängnisverhütung und Abtreibung fördere und so die Geburtenrate senke, gefährde sie die Fortexistenz des deutschen Volkes.*[4]

Bei den faschistischen Angriffen auf die Universitäten kommt diesen meist die Rolle der nationalsozialistischen »jüdischen Ver-

---

* Anm. d. Übers.: »Kulturmarxismus« (»Cultural Marxism«) ist eine Verschwörungstheorie der neuen Rechten in den USA, der zufolge die Ideen der Frankfurter Schule um Horkheimer, Adorno und andere – vornehmlich jüdische – Intellektuelle heute benutzt werden, um die westliche Gesellschaft mittels progressiver Politik zu zerstören. Der Begriff geht auf den »Kulturbolschewismus« aus der NS-Zeit zurück.

schwörung« hinter der Frauenbewegung zu: Die Hochschulen unterminieren die Männlichkeit und gefährden die traditionelle Familie, indem sie Gender Studies fördern.

In Russland ist Wladimir Putin diesbezüglich in die Offensive gegangen und hat die Universitäten zu ideologischen Waffen gegen die vermeintlich westlichen Auswüchse des Feminismus umfunktioniert. In ihrem 2017 erschienenen Buch *The Future Is History: How Totalitarianism Reclaimed Russia* beschreibt die Journalistin Masha Gessen, wie Russlands homosexuellenfeindliche, antifeministische Hochschulpolitik aus einer 1997 in Prag abgehaltenen Konferenz namens »Weltkongress der Familien« hervorgegangen ist, die von Allan Carlson, einem amerikanischen Historiker des »ultrakonfessionellen Hillsdale College in Michigan«, organisiert wurde. Der Teilnehmerzahl der Veranstaltung war hoch.[5] Gessen schreibt: »Angespornt durch die vielen Anwesenden verwandelten die Organisatoren den Weltkongress der Familien in eine permanente Einrichtung, die sich dem Kampf gegen Homosexuellenrechte, Abtreibungen und die Gender Studies widmet.«

Ein Beispiel für die von der Konferenz inspirierte Politik ist die Europäische Universität St. Petersburg, die aufgrund ihrer liberalen Ausrichtung von der russischen Regierung bedrängt wurde. Über Jahre hinweg versuchten die Behörden, die Hochschule zu schließen, was ihnen 2016 mit der Aussetzung ihrer Lehrerlaubnis auch gelang. Nach Angaben der Universität »wurden die Inspektionen durch eine offizielle Beschwerde Witali Milonows veranlasst«, einem Parlamentsabgeordneten für Wladimir Putins Partei »Einiges Russland«, der für Teile der homosexuellenfeindlichen Gesetzgebung des Landes verantwortlich zeichnet. Milonow äußerte sich hinsichtlich der Lehre von Gender Studies besorgt: »Ich persönlich finde das widerwärtig, es handelt sich um eine Scheinwissenschaft, und sie könnte durchaus gesetzeswidrig sein«, sagte er dem *Christian Science Monitor*.[6] Auch in Ungarn und Polen waren die Gender Studies ein Brennpunkt politischer Kontroversen und zogen den Zorn einiger Entscheidungsträger auf sich, die versuchten, die

Hochschulen als Bastionen liberaler Indoktrination darzustellen. Wie Andrea Pető in ihrem Artikel »Report from the Trenches: The Debate Around Teaching Gender Studies in Hungary« berichtet, brachte der Unterstaatssekretär des ungarischen Ministeriums für Humanressourcen, Bence Rétvári, das Fach mit dem Marxismus-Leninismus in Verbindung (da ist es wieder, das Schreckgespenst).*

Wie auch in Russland und Osteuropa ist der Angriff auf die Gender Studies ein fester Bestandteil der rechtsextremen Bewegung in den Vereinigten Staaten. 2010 wurde die Legislative des Bundesstaates North Carolina von Republikanern übernommen, die der fanatischen Tea-Party-Bewegung angehören. Gemeinsam mit dem ebenfalls republikanischen Gouverneur Pat McCrory nahmen sie die renommierte University of North Carolina at Chapel Hill ins Visier. Ein neu ernannter Hochschulrat entließ den weithin angesehenen progressiven Präsidenten Tom Ross. McCrory sagte in einem Interview, dass staatliche Universitäten keine Kurse für »Gender Studies oder Suaheli« (eine afrikanische Sprache, die von über 140 Millionen Menschen als Erst- oder Zweitsprache gesprochen wird) anbieten sollten, und fügte hinzu: »Wenn Sie Gender Studies belegen wollen, ist das völlig in Ordnung, dann gehen Sie eben an eine private Institution und studieren dort.«

Einige werden nun behaupten, dass an einer Universität alle politischen Haltungen, inklusive der rechten, vertreten sein müssen und dass daher Maßnahmen, wie sie in North Carolina ergriffen wurden, lediglich Raum für konträre Perspektiven schaffen. Dieser Einwand beruht auf der Annahme, der zufolge die Rechtfertigung unserer eigenen Positionen eine regelmäßige Auseinandersetzung mit zuwiderlaufenden Ansichten erfordert (und darauf, dass für sie zunächst kein Raum gegeben war). Jeder, der schon einmal Phi-

* Andrea Pető, »Report from the Trenches: The Debate around Teaching Gender Studies in Hungary«, Heinrich-Böll-Stiftung; https://www.boell.de/en/2017/04/10/report-trenches-debate-around-teaching-gender-studies-hungary, zuletzt abgerufen: 09.03.2024.

losophie unterrichtet hat, weiß, dass es oftmals nützlich ist, sich mit stichhaltigen Argumenten für konträre Standpunkte auseinanderzusetzen, und auch die Hochschulen profitieren zweifellos von den Beiträgen intelligenter sowie differenzierter Vertreter des gesamten politischen Spektrums. Gleichwohl ist das allgemeine Prinzip in diesen Fällen bei näherer Betrachtung nicht besonders plausibel.

Niemand käme darauf zu behaupten, dass der Ruf nach freier Forschung die Einstellung von Wissenschaftlern erzwingt, die die Scheibenform der Erde nachweisen wollen. Denn durch schlüssige Untersuchungen in der Vergangenheit haben wir die Unhaltbarkeit ihrer Position bereits festgestellt. Und selbst die eifrigsten Verfechter der Meinungsfreiheit würden nicht dahingehend argumentieren, dass wir kostbare Universitätsressourcen für eine erneute Klärung dieser Frage aufwenden sollten. Die Beschäftigung einer solchen Scheiben-Theoretikerin stünde objektiver Forschung eher im Weg, als dass sie ihr zuträgt. Gleichermaßen kann man die Ideologie des sogenannten Islamischen Staats bedenkenlos ablehnen, ohne sich mit ihren Verfechtern im Seminar- oder dem Fakultätsraum auseinandersetzen zu müssen. Und ich brauche bestimmt keinen Kollegen, der die Ansicht vertritt, Juden seien genetisch zur Gier veranlagt, um meine Ablehnung dieses antisemitischen Unsinns zu begründen. Es ist nicht auch nur im Entferntesten plausibel, dass die Aufnahme solcher Stimmen in die Fakultät der vernünftigen Auseinandersetzung mit ihren toxischen Ideologien förderlich wäre. Vielmehr würde dieser Akt eine sinnvolle Debatte behindern, weil es dabei zu nichts als Unverständnis und Schrei-Duellen käme.

Faschistische Politik hingegen schafft in der Tat Raum für die Erforschung von Mythen als Fakten. Im Rahmen ihrer Ideologie fällt dem Bildungssystem die Aufgabe zu, die mythische Vergangenheit zu verherrlichen, indem es die Leistungen von Angehörigen der je eigenen Nation herausstellt und die Perspektiven sowie die Geschichte derjenigen ausblendet, die nicht dazugehören. Bei einem Prozess, den man gelegentlich tendenziös als »Entkolonialisierung« des Lehrplans bezeichnet, werden dagegen vernachlässigte Perspektiven einbezogen, um sicherzustellen, dass Schüler und Studierende einen umfassenden Blick auf die Akteure der Geschichte erhalten. Im Kampf gegen den Faschismus bedeutet eine derartige Anpassung nicht nur »politische Korrektheit«. Vielmehr leistet die Berücksichtigung der Stimmen all derjenigen, deren Existenz die Welt, in der wir leben, geformt und gestaltet hat, einen wichtigen Beitrag zum Schutz vor faschistischen Mythen.

***

Gemäß der faschistischen Ideologie besteht das Ziel der Bildung an den Schulen und Universitäten darin, Stolz auf die mythische Vergangenheit zu wecken; die faschistische Bildung preist akademische Disziplinen an, die hierarchische Normen und nationale Traditionen bekräftigen. Für den Faschisten sind Schulen und Universitäten in erster Linie dazu da, Stolz zu indoktrinieren, zum Beispiel (wenn der Nationalismus ethnisch aufgeladen ist) auf die glorreichen Errungenschaften der dominanten Volksgruppe.

Gouverneur McCrory wollte es nicht bei seinem Vorschlag belassen, einige Kurse aus dem öffentlichen Lehrplan zu streichen, sondern rief die Hochschulen an, ihre Ausbildung eher auf die vermeintlichen Anforderungen der Arbeitgeber zuzuschneiden – zu Lasten von Fächern wie Soziologie, die den Studierenden helfen, bessere demokratische Staatsbürger zu werden. Unterstützt wurde er dabei vom Pope Center for Higher Education Policy, dessen Leiter und Geldgeber Art Pope, ein überaus mächtiger und reicher republikanischer Parteispender in North Carolina, die Universität des Bundesstaates dazu getrieben hat, ihre Studiengebühren anzuheben. Wie Pope treffend feststellt, wird dieser Schritt mehr Studierende von den Geistes- und Sozialwissenschaften wegführen und solchen Studiengängen zuführen, die ihnen »wirtschaftliche Fähigkeiten« vermitteln.

Während das Pope Center for Higher Education Policy (jetzt James G. Martin Center for Academic Renewal) den Unterricht in Fächern verunglimpft, die ein größeres Verständnis für die kulturelle Vielfalt der Menschheit ermöglichen, drängt es parallel auf die Vermittlung eines »Große-Bücher«-Lehrplans, der die literarischen Errungenschaften weißer Europäer in den Vordergrund stellt.[7] Diese Gewichtung ergibt Sinn, sobald man sich vergegenwärtigt, dass in antidemokratischen Systemen die Funktion der Bildung darin besteht, gehorsame Bürger hervorzubringen, die strukturell dazu gezwungen sind, ohne Verhandlungsmacht in die Arbeitswelt einzutreten, und die ideologisch zum Glauben erzogen wurden, die dominante Gruppe stehe für die größten zivilisatorischen Kräfte in der Geschichte. Konservative Akteure stecken gewaltige Summen in das Projekt, rechte Ziele im Bildungswesen voranzutreiben. Wie manche Quellen berichten, hat beispielsweise die Charles Koch Foundation – nur eine unter vielen konservativen Stiftungen in den USA, die von rechten Oligarchen finanziert werden – 2017 allein 100 Millionen Dollar für die Unterstützung von Projekten ausgegeben, die in erster Linie der Förderung konservativer Ideologie an rund 350 Hochschulen gewidmet sind.[8]

Für die faschistische Ideologie handelt es sich bei den tatsächlich wertvollen Ergebnissen des geistigen Lebens – Kultur, Zivilisation und Kunst – ausschließlich um Werke, die von den Mitgliedern der auserwählten Nation geschaffen wurden. Wenn Universitäten ihr Pflichtangebot auf die europäischen kulturellen Eckpfeiler beschränken, laufen sie Gefahr zu suggerieren, dass weiße Europäer den Kern der menschlichen Zivilisation bilden. Den Anhängern von »Große-Bücher«-Programmen sollte es zu denken geben, dass Hitler in *Mein Kampf* erklärt:

> *Alles, was wir heute auf dieser Erde bewundern – Wissenschaft und Kunst, Technik und Erfindungen –, ist nur das schöpferische Produkt weniger Völker und vielleicht ursprünglich einer Rasse. […] Von ihnen hängt auch der Bestand dieser ganzen Kultur ab. […] Würde man die*

Menschheit in drei Arten einteilen: in Kulturbegründer, Kulturträger und Kulturzerstörer, dann käme als Vertreter der ersten wohl nur der Arier in Frage.

Unsere Universitäten dürfen sich nicht, auch nicht unwissentlich, an der Verbreitung derartiger faschistischer Mythen beteiligen.

In dem Maße, in dem der Faschismus über alle Grenzen hinweg auf dem Vormarsch ist, wächst gleichzeitig die Zahl derer, die fordern, Schulen und Universitäten mit Lehrkräften zu besetzen, die den nationalistischen oder traditionalistischen Idealen mehr Sympathie entgegenbringen. Die Vorgänge in Ungarn sind hierfür ein gutes Beispiel: Unmittelbar nachdem Viktor Orbán an die Macht gekommen war, verurteilte er die Schulen als Orte liberaler Indoktrination. In Folge zentralisierte er das Bildungssystem, das zuvor unter der Kontrolle lokaler Behörden gestanden hatte, und führte einen Berufsverband ein, dem alle Lehrer beitreten mussten und der sie verpflichtete, »im Interesse der Nation« zu wirken. Ein neuer Kernlehrplan empfahl das Werk antisemitischer ungarischer Schriftsteller. Die Schulen wurden aufgefordert, Aktivitäten zu fördern, die an eine glorreiche, mythische, nationale Vergangenheit anknüpfen, wie beispielsweise das Reiten zu Pferde oder das Singen ungarischer Volkslieder.

Die beste Universität in Ungarn war die vom ungarischen Staat unabhängige Central European University (CEU). Orbán stellte diese regelmäßig als eine ausländische Institution dar, die versuche, die einheimischen Schulen zu unterlaufen und liberale, universalistische Werte wie eine einwanderungsfreundliche Haltung zu verbreiten. Im April 2017 fügte das ungarische Parlament dem Entwurf eines Anti-Immigrationsgesetzes eine Klausel bei, das der CEU die Möglichkeit nehmen sollte, als amerikanische Universität in Ungarn tätig zu sein, und das zudem die Mobilität ihrer Lehrkräfte und Studierenden aus Gründen der nationalen Sicherheit reguliert. Ein gutes Jahr später gab die Leitung der Hochschule bekannt, dass die CEU Budapest verlassen und nach

Wien umsiedeln werde – sie sei aus Ungarn »rausgezwungen worden«.[9]

Ähnliche Bestrebungen, die Lehrpläne im nationalistischen Sinne umzugestalten, sind weltweit im Gange. So auch in der Türkei, wo eine der ersten Maßnahmen, die der türkische Präsident Recep Tayyip Erdoğan nach dem Putschversuch 2016 ergriff, darin bestand, mehr als fünftausend Dekane und Akademiker ihrer Posten an türkischen Universitäten zu entheben, weil man sie pro-demokratischer oder linker Gesinnung verdächtigte. Viele von ihnen landeten hinter Gittern. In einem Interview mit *Voice of America* im Februar 2017 sagte İsmet Akça, ein Professor für Politikwissenschaft, der von seiner Stelle an der Technischen Universität Istanbul Yildiz entlassen worden war: »Diese Leute, die gesäubert werden, sind nicht nur linke Demokraten, sie sind sehr gute Wissenschaftler, sehr gute Akademiker. Indem die Regierung sie beseitigt, greift sie auch die Idee der Hochschulausbildung, die Idee des Universitätswesens in diesem Land an.«[10] Nachdem er ein nationales Referendum gewonnen hatte, das ihm weitreichende, fast diktatorische Befugnisse verlieh, führte Erdoğan 2017 einen neuen Lehrplan an den Schulen ein. Dabei verfolgte er die Absicht, säkulare Ideale zu entwerten und wissenschaftliche Theorien zu eliminieren, die der religiösen Ideologie zuwiderlaufen, wie etwa die Evolution. Das Bildungsministerium erklärte, die Geschichte der Türkei solle »aus der Perspektive einer nationalen und moralischen Erziehung« gelehrt werden mit dem Ziel, die »nationalen Werte« zu schützen, anstatt die säkularen liberalen Ideale zu vermitteln, die seit Kemal Atatürk im Mittelpunkt der türkischen Zivilgesellschaft, einschließlich des Bildungssystems, gestanden hatten.

***

Der rechtsextreme amerikanische Radiomoderator Rush Limbaugh prangerte einst in seiner beliebten Radiosendung Folgendes an: »… die vier Eckpfeiler der Täuschung: Regierung, Hochschulen,

Wissenschaft und Medien. Diese Institutionen sind heute korrupt und existieren nur noch auf der Grundlage von Betrug. Auf diese Weise behaupten sie sich selbst, und auf diese Weise gedeihen sie.«[11] Limbaugh liefert hier ein perfektes Beispiel dafür, wie faschistische Politik auf das Konzept von Fachwissen abzielt, wie sie es verspottet und abwertet. In einer liberalen Demokratie sollten sich Politiker einerseits mit den Menschen beratschlagen, die sie vertreten, sowie andererseits mit Experten und Wissenschaftlern, die ihnen die Anforderungen der Wirklichkeit an die Politik am treffendsten erklären können.

Im Gegensatz dazu sind faschistische Anführer »Männer der Tat«, die für Beratungen und Überlegungen nichts übrighaben. In seinem Essay »Die Wiedergeburt des europäischen Mannes« aus dem Jahr 1941 schreibt der französische Faschist Pierre Drieu la Rochelle: »Es ist ein Menschentyp, der die Kultur ablehnt. Es ist ein Mensch, der nicht an Ideen glaubt, und daher lehnt er Doktrinen ab. Es ist ein Mensch, der nur an Taten glaubt und diese Taten im Einklang mit einem nebulösen Mythos ausführt.«[12] Sind Universitäten und Experten erst einmal delegitimiert, steht es faschistischen Politikern frei, eine von ihrem individuellen Willen geprägte Realität zu schaffen. Limbaugh attackierte die Wissenschaft über viele Jahre hinweg mit der Behauptung, dass sie »ein Zuhause für vertriebene Sozialisten und Kommunisten geworden ist«. In der gegenwärtigen Phase der US-Politik, in der Trump und seine Anhänger die Klimaforschung verspotten und verhöhnen, erleben wir einen Siegeszug der Verunglimpfung wissenschaftlichen Sachverstands.

Indem sie den Wert von Expertenwissen ablehnen, beseitigen faschistische Politiker auch jegliche Voraussetzung für eine anspruchsvolle Debatte. Die Wirklichkeit ist nämlich immer komplexer als unsere Mittel, sie darzustellen. Wissenschaftssprache erfordert eine hochkomplexe Terminologie, um Differenzierungen vornehmen zu können, die ohne sie unsichtbar bleiben würden. Die gesellschaftliche Wirklichkeit zu verstehen, gestaltet sich mindestens ebenso komplex, wie die physikalische Wirklichkeit zu verstehen. In einer intakten liberalen Demokratie ist ein öffentlicher Sprachgebrauch mit einem reichen und vielfältigen Vokabular, das subtile Unterscheidungen ermöglicht, eine lebenswichtige demokratische Institution. Ohne sie wäre ein funktionierender Diskurs unmöglich. Der Faschismus versucht deshalb, die Sprache der Politik zu degradieren und zu entwerten; zugleich ist er bestrebt, die Realität zu verschleiern.

Victor Klemperers 1947 erschienenes Werk *LTI – Notizbuch eines Philologen* handelt von der Sprache des Nationalsozialismus. Das Akronym steht für »Lingua Tertii Imperii« oder »Sprache des Dritten Reiches«. Kapitel 3 mit der Überschrift »Grundeigenschaft: Armut« beginnt mit den Worten: »Die LTI ist bettelarm. Ihre Armut ist eine grundsätzliche; es ist, als habe sie ein Armutsgelübde abgelegt.«[13] Adolf Hitler war sich der Bedeutung einer solchen Verarmung des öffentlichen Diskurses sehr bewusst. In *Mein Kampf* schreibt er im Kapitel über Propaganda:

> *Jede Propaganda hat volkstümlich zu sein und ihr geistiges Niveau einzustellen nach der Aufnahmefähigkeit des Beschränktesten unter denen, an die sie sich zu richten gedenkt. Damit wird ihre rein geistige Höhe umso tiefer zu stellen sein, je größer die zu erfassende Masse der Menschen sein soll. […] Die Aufnahmefähigkeit der großen Masse ist nur sehr beschränkt, das Verständnis klein, dafür jedoch die Vergesslichkeit groß. […] Aus diesen Tatsachen heraus hat sich jede wirkungsvolle Propaganda auf nur sehr wenige Punkte zu beschränken und diese schlagwortartig […] zu verwerten […].*[14]

In einer gesunden liberalen Demokratie dient die Sprache als Mittel der Information. Die faschistische Propaganda will sich nicht nur über eine umfassende und komplexe öffentliche Debatte lustig machen und sie verhöhnen, sondern sie von vorneherein verhindern. Klemperer erklärt dazu:

> *Jede Sprache, die sich frei betätigen darf, dient allen menschlichen Bedürfnissen, sie dient der Vernunft wie dem Gefühl, sie ist Mitteilung und Gespräch, Selbstgespräch und Gebet, Bitte, Befehl und Beschwörung. Die LTI dient einzig der Beschwörung. [...] Die LTI ist ganz darauf gerichtet, den Einzelnen um sein individuelles Wesen zu bringen, ihn als Persönlichkeit zu betäuben, ihn zum gedanken- und willenlosen Stück einer in bestimmter Richtung getriebenen und gehetzten Herde, ihn zum Atom eines rollenden Steinblocks zu machen. Die LTI ist die Sprache des Massenfanatismus.*[15]

Gemäß einem Grundprinzip faschistischer Politik sollte das Ziel der Redekunst nicht darin bestehen, den Intellekt zu überzeugen, sondern den Willen zu beeinflussen. Im Jahr 1925 schreibt ein anonymer Verfasser in einer faschistischen Zeitschrift aus Italien: »Die Magie des Faschismus ist der Beweis für seinen Triumph. Nicht der Verstand gewinnt, sondern das Gefühl«,[16] und in *Mein Kampf* konstatiert Hitler in einem Kapitel namens »Der Kampf der ersten Zeit – Die Bedeutung der Rede«, es sei ein grobes Missverständnis, die einfache Sprache als dumm abzutun. Über das ganze Buch macht er immer wieder deutlich, dass Propaganda bezweckt, vernünftige Argumente im öffentlichen Raum durch irrationale Ängste und Leidenschaften zu ersetzen. Im Februar 2018 sagte Steve Bannon während eines Interviews: »Wir sind gewählt worden mit dem Motto: Legt den Sumpf trocken, sperrt sie ein und zieht eine Mauer hoch. Das war pure Wut. Wut und Angst sind es, die die Menschen an die Wahlurnen treiben.«[17]

Überall auf der Welt sehen wir derzeit rechtsextreme Bewegungen, die Universitäten angreifen, weil sie »Marxismus« oder »Feminismus« verbreiten und konservativen Werten keinen zentralen Platz einräumen. Selbst in den Vereinigten Staaten, dem Land mit dem besten höheren Bildungssystem der Welt, sind uns derartige Attacken – in osteuropäischer Manier – auf Hochschulen nicht fremd. In der Presse werden studentische Proteste fälschlicherweise als Ausschreitungen eines undisziplinierten Mobs und als

Bedrohung der bürgerlichen Ordnung dargestellt. Die faschistische Politik würdigt Universitäten im öffentlichen Diskurs herab; sie diskreditiert Akademiker als legitime Vermittler von Wissen und zeichnet sie stattdessen als radikale »Marxisten« oder »Feministinnen«, die unter dem Deckmantel der Forschung ein linksideologisches Programm verbreiten. Durch die Diffamation der Hochschulen und die Verarmung unseres gemeinsamen Vokabulars für die politische Diskussion reduziert die faschistische Politik die Debatte auf einen ideologischen Konflikt. Mit derartigen Strategien entwertet sie nicht nur die Informationsräume, sondern verschleiert die Realität insgesamt.

4 Unwirklichkeit

Wenn es der Propaganda gelingt, Ideale gegen sich selbst zu richten und die Bildungseinrichtungen als Quellen von Voreingenommenheit zu diffamieren, steht die Wirklichkeit in Frage – dann können wir uns nicht mehr auf eine Wahrheit einigen. Die faschistische Politik ersetzt vernunftgeleitete Debatten durch Angst und Wut. Wo sie erfolgreich ist, hinterlässt sie beim Adressaten ein diffuses Gefühl des Verlustes und erzeugt Misstrauen sowie Zorn gegen diejenigen, die für diesen Verlust verantwortlich gemacht werden.

Im Faschismus treten die Äußerungen eines Individuums oder einer Partei anstelle der Realität. Dabei sind regelmäßig wiederholte, offenkundige Lügen Teil eines Prozesses, den Informationsraum zu zerstören. Ein faschistischer Anführer kann die Wahrheit durch Macht ersetzen und letztlich ohne Konsequenzen Falsches behaupten. Ist die Welt erst einmal durch eine Person ersetzt, geht uns die Fähigkeit abhanden, Argumente nach allgemein gültigen Kriterien zu beurteilen. Faschistische Politiker verfügen dazu über spezielle Techniken, um Informationsräume zu zerstören und die Realität aufzulösen.

***

Jeder, der sich den aktuellen politischen Diskurs in den Vereinigten Staaten, Russland oder Polen anschaut, wird unmittelbar sowohl die umfassende Präsenz als auch die Wirkmacht von Verschwörungstheorien zur Kenntnis nehmen. Die Aufgabe, diese genau zu definieren, wirft jedoch schwierige Fragen auf. Nach Auffassung der Philosophin Giulia Napolitano müssen wir Verschwörungstheorien als gegen eine Fremdgruppe gerichtet und im Dienste einer Eigengruppe stehend betrachten. Dabei haben sie die Funktion, ihre Opfer, meist die angeblich konspirativen Akteure, zu verunglimpfen und zu delegitimieren, indem sie diese – vorwiegend symbolisch – mit fragwürdigen Handlungen in Verbindung bringen. Verschwörungstheorien funktionieren nicht wie gewöhnliche Informationen, sind sie doch oftmals derart abwegig, dass sie kaum wörtlich geglaubt werden dürften. Ihr Zweck besteht vielmehr darin, einen Generalverdacht gegen die Glaubwürdigkeit und den Anstand ihrer Zielpersonen zu erwecken.

Verschwörungstheorien sind ein entscheidender Hebel, um die etablierten Medien zu delegitimieren: Faschistische Politiker können diese nämlich der Voreingenommenheit beschuldigen, wenn sie nicht über die absurden Thesen berichten und der Öffentlichkeit damit vermeintlich wichtige Informationen vorenthalten. Die vielleicht berühmteste Verschwörungstheorie des 20. Jahrhunderts kreist um die »Protokolle der Weisen von Zion«, die später die Grundlage der Nazi-Ideologie bilden sollten. Bei ihnen handelt es sich um einen Schwindel aus der Zeit vor dem Ersten Weltkrieg, der die Form eines Handbuchs für Juden annimmt, um die Weltherrschaft zu erlangen. Wissenschaftler haben inzwischen herausgefunden, dass die »Protokolle« umfassend aus Maurice Jolys Buch *Macht und Recht, Machiavelli contra Montesquieu: Gespräche in der Unterwelt* aus dem Jahr 1864 abgeschrieben wurden[1] – einer politischen Satire, die den Charakter einer Höllendebatte zwischen Machiavelli, der für die Tyrannei plädiert, und Montesquieu, der den Liberalismus verteidigt, annimmt. Die »Protokolle« legen Machiavellis Argumente für die Macht den »Weisen von Zion«, angeblichen jüdischen Anführern, die die Weltherrschaft anstreben, in den Mund. Erstmals veröffentlicht wurden sie offenbar 1903 in der antisemitischen russischen Zeitschrift *Znamja* (»Das Banner«). Die Fassung, die der Welt bekannt werden sollte, erschien jedoch zwei Jahre später in dem Buch *Das Große im Kleinen*, 1911 unter dem Titel *Der bald herannahende Antichrist* neu gedruckt, aus der Feder des Moskauer Schriftstellers und religiösen Mystikers Sergej Nilus. Dieser kanonisierte 1917 eine eigenständige Ausgabe, die weite Verbreitung fand. Die Urheberschaft des Texts versuchte er unter anderem den Freimaurern und dem Gründervater des Zionismus, Theodor Herzl, zuzuschreiben. Für seine Behauptungen fehlen allerdings jegliche Beweise. Dennoch verkaufte sich das Buch schon in den 1920er-Jahren weltweit millionenfach; so auch in den Vereinigten Staaten, wo der Automobilhersteller Henry Ford bis 1925 eine halbe Million Exemplare in Massenproduktion herstellte und vertrieb.[2]

Den »Protokollen« zufolge stehen die Juden im Zentrum eines globalen Komplotts, das die angesehensten Medienkanäle sowie das globale Wirtschaftssystem beherrsche und instrumentalisiere, um Demokratie, Kapitalismus und Kommunismus zu verbreiten, wobei jene allesamt nur Masken für jüdische Interessen seien. Einige der prominentesten und einflussreichsten Anführer der Nationalsozialisten wie Hitler und Goebbels glaubten fest an die Wahrheit dieser Verschwörungstheorie. Deshalb prangerten die Schriften der Nazis regelmäßig die »jüdische Presse« für ihr Versäumnis an, das internationale Komplott zu thematisieren, geschweige denn zu verurteilen.

Die amerikanischen Präsidentschaftswahlen 2016 begleitete eine ganze Reihe an Verschwörungstheorien, die sich gegen diverse Ziele richteten, darunter Hillary Clinton, Muslime und Flüchtlinge. Die bizarrste davon war womöglich »Pizzagate«. Laut ihren Anhängern und Multiplikatoren sollen durchgesickerte E-Mails von John Podesta, Clintons Wahlkampfmanager, geheime verschlüsselte Botschaften über den Sexhandel mit kleinen Kindern enthalten haben, die demokratischen Kongressabgeordnete von einer Pizzeria in Washington D.C. aus zugespielt worden seien. Die Thesen fanden in den sozialen Medien trotz ihrer Skurrilität erstaunlich weite Verbreitung. Obwohl es sich lediglich um eine unter vielen bizarren Verschwörungstheorien über Clinton und die Demokraten handelte, erregte sie landesweit große Aufmerksamkeit – nicht nur aufgrund ihrer extremen Abwegigkeit, sondern auch, weil Edgar Maddison Welch, ein Mann aus North Carolina, tatsächlich mit einer Waffe in der Hand in der fraglichen Pizzeria auftauchte, um die Besitzer zur Rede zu stellen und die vermeintlichen Sexsklaven zu befreien. Die Lüge zielte einzig darauf ab, ihre Opfer, also die Demokraten, öffentlichkeitswirksam mit äußerst verwerflichen Handlungen in Verbindung zu bringen.

Der Philosoph Michael Lynch von der University of Connecticut hat das Beispiel »Pizzagate« als Beleg dafür herangezogen, dass Verschwörungstheorien nicht dafür gedacht sind, als normale Informationen behandelt zu werden. Sollte jemand ernsthaft glauben, dass es in Washington D. C. eine Pizzeria gebe, die Kindersexsklaven an demokratische Kongressabgeordnete verkaufe, dann sei es laut Lynch völlig rational, wie Edgar Maddison Welch zu handeln. Dieser wurde jedoch von denjenigen, die die Verschwörungstheorie zuvor verbreitet hatten, für seine Tat rundheraus verurteilt. Lynch will damit sagen, dass »Pizzagate« nicht als gewöhnliche Nachricht intendiert war. Die Funktion von Verschwörungstheorien besteht darin, ihre Zielpersonen anzugreifen und zu verleumden, aber nicht unbedingt darin, das Publikum von ihrer eigenen Wahrheit zu überzeugen – »Pizzagate« sollte auf der Ebene von Anspielungen und Rufmord bleiben, aber nicht in die Realität eindringen.

Donald Trump verschaffte sich politische Aufmerksamkeit, indem er die Presse wegen ihrer angeblichen Zensur des »Birtherism« angriff, einer Verschwörungstheorie, die besagt, dass Barack Obama in Kenia geboren wurde und daher nicht geeignet gewesen sei, Präsident der Vereinigten Staaten zu werden. In einem Interview mit CNN am 29. Mai 2012, lange vor seiner eigenen Kandidatur, wetterte Trump gegen Moderator Wolf Blitzer und den Sender, weil diese nicht über das Thema berichteten – laut ihm stecken sie mit Obama unter einer Decke. Fox News hingegen bot Trump bereitwillig eine Bühne, um seine Thesen zu verbreiten. Dabei ist er kein Einzelfall; Verschwörungstheorien sind die Visitenkarte faschistischer Politik. Sie kommen gezielt zum Einsatz, um diejenigen anzugreifen, die ihre Existenz ignorieren. Indem die Medien sie ausblenden, erscheinen sie als parteiisch und letztlich als Teil genau des Komplotts, über das sie nicht berichten wollen.

Verschwörungstheorien haben nicht nur die Macht, die Wahrnehmung der Realität zu beeinflussen, sondern auch den Verlauf realer Ereignisse. Polens ehemals regierende Rechtsaußenpartei PiS ist vor allem für ihren Sozialkonservatismus und ihre Verachtung für liberale demokratische Institutionen bekannt. Außerhalb des Landes weiß man jedoch kaum, dass sie auf dem Rücken von nicht minder fantastischen Verschwörungstheorien wie der »Birther«-Lüge an die Macht gekommen war, die Donald Trump ins Zentrum der US-Politik geführt und ihm schließlich die Präsidentschaft eingebracht hatte.

Am 10. April 2010 stürzte ein Flugzeug mit dem polnischen Präsidenten Lech Kaczynski und seiner Gattin sowie dem gesamten Generalkommando der Streitkräfte, dem Präsidenten der Nationalbank und vielen anderen Mitgliedern der Elite des Landes an Bord beim Landeanflug auf den Flughafen von Smolensk, Russland, in einem Wald ab. Die Delegation befand sich auf dem Weg zum 70. Jahrestag des Massakers von Katyn, wo die sowjetische Geheimpolizei mehr als 20000 Angehörige des polnischen Offizierskorps hingerichtet hatte. Für Polen war der Absturz des Flugzeugs eine nationale Tragödie. In beiden Ländern eingesetzte Untersuchungskommissionen und die vorliegenden Abschriften der Cockpit-Stimmenrekorder förderten zutage, dass ein Pilotenfehler die Ursache gewesen sein musste.

Doch schon bald nach dem Absturz begannen prominente Politiker der PiS, die offiziellen Darstellungen der russischen und polnischen Ermittler in Frage zu stellen. Ihre Strategie bestand darin, die gemäßigte Regierung ihres Landes sowie das Regime unter Putin eines Komplotts zur Sabotage des Flugzeugs und zur Vertuschung des Verbrechens zu bezichtigen. PiS-nahe Persönlichkeiten brachten rund 20 verschiedene Thesen über den Absturz in Umlauf. Die bürgerliche Presse prangerte die »Smolensk-Sekte« als Verschwörungstheoretiker an, die das Land spalten wollten – eine Charakterisierung, die von ihren Verfechtern im Gegenzug genutzt wurde, um die Medien zu verleumden und ihnen Parteilichkeit vorzuwerfen. Der parlamentarische Erfolg der PiS beruhte letztlich darauf, dass sie Lügen wie diese ausschlachtete, um das Vertrauen in die wichtigsten demokratischen Institutionen des Staates, die Regierung und die Presse, zu untergraben.

Faschistische Politiker diskreditieren die »liberalen Medien«, weil sie Diskussionen über abwegige rechte Verschwörungstheorien zensieren. In ihren Augen ist dies Ausdruck eines verlogenen Verhaltens, kaschiert unter dem Deckmantel demokratischer Institutionen. Verschwörungstheorien spielen mit den paranoidesten Elementen der Gesellschaft – im Falle der Vereinigten Staaten mit der Angst vor dem Fremden und dem Islam (wie bei der »Birther«-Theorie, dass Barack Obama als Muslim in Kenia geboren wurde); im Falle von Ungarn und Polen mit Antisemitismus und Antikommunismus. Sie werden mit der Absicht verbreitet, allgemeines Misstrauen und Paranoia zu schüren, um drastische Maßnahmen wie die Zensur oder Schließung der »liberalen« Medien und die Inhaftierung von »Staatsfeinden« zu rechtfertigen.

George Soros ist ein amerikanischer Milliardär und Philanthrop ungarisch-jüdischer Herkunft. Seine wohltätige Organisation, die Open Society Foundations, hat sich in mehr als 100 Ländern für den Aufbau der Demokratie eingesetzt, darunter auch in seinem Heimatland, wo sein Engagement unter anderem zur Gründung der CEU, Ungarns einst führender Universität, führte. Im Jahr 2017 behauptete Viktor Orbán, es gebe einen »Soros-Plan«, das Land mit nichtchristlichen Migranten zu überschwemmen, um dessen Identität zu untergraben. Seine Regierung hat eine Kampagne dagegen gestartet; dazu gehören Plakate und Fernsehanzeigen, die auf Soros abzielen und von vielen als dezidiert antisemitische Darstellungen empfunden werden. Selbstredend existieren keinerlei Hinweise darauf, dass der Finanzier derartiges im Schilde führt. Doch das Fehlen von Beweisen in den Leitmedien wird von der Orbán-Regierung lediglich als Anzeichen dafür gewertet, dass Soros die Medien steuert – während es in Wirklichkeit Orbán ist, der die Realität manipuliert.

Hannah Arendt, die vielleicht bedeutendste Totalitarismustheoretikerin des 20. Jahrhunderts, warnte eindringlich vor der Relevanz von Verschwörungstheorien in der antidemokratischen Politik. In *Elemente und Ursprünge totaler Herrschaft* schreibt sie:

> *Das Geheimnisvolle als solches wurde zum wichtigsten Kriterium für die Wahl der Themen. Die Wirksamkeit dieser Art von Propaganda offenbart eines der Hauptmerkmale moderner Massen. Sie glauben nicht an irgendetwas Sichtbares, an die Realität ihrer eigenen Erfahrung; sie vertrauen nicht ihren Augen und Ohren, sondern allein ihrer Vorstellungskraft, die von allem ergriffen werden kann, was zugleich universell und in sich stimmig ist. Was die Massen überzeugt, sind keine Tatsachen, nicht einmal erfundene, sondern nur die Konsistenz des Systems, zu dem diese vermeintlich gehören. Wiederholungen [...] sind nur deshalb wichtig, weil sie sie von ihrer zeitlichen Beständigkeit überzeugen.*[3]

Da die Zielgruppe bereitwillig ihre eigenen Erfahrungen ignoriert, ist es oftmals unerheblich, dass die Verschwörungstheorien nachweislich falsch sind. Die Texas House Bill 45, auch unter dem Titel »Amerikanische Gesetze für amerikanische Gerichte« bekannt, die im Juni 2017 vom texanischen Gouverneur Greg Abbott unterzeichnet wurde, soll Muslime daran hindern, die Scharia in den Bundesstaat einzuführen. Dass diese versuchen, Texas klammheimlich in eine islamische Republik zu verwandeln, dürfte jedoch äußerst unwahrscheinlich sein – ebenso wie die Hypothese, dass der ehemalige Präsident Obama ein verkappter Muslim sei, der seine christliche Konfession nur vorgegeben habe, um die US-Regierung zu stürzen. Solche Verschwörungstheorien sind dennoch wirksam, weil sie rationale Erklärungen für ansonsten irrationale Emotionen wie Ressentiments oder fremdenfeindliche Ängste angesichts einer vermeintlichen Gefahr liefern: Die Vorstellung, dass Obama in Wirklichkeit ein Muslim sei, der sich als Christ ausgebe, um dem Land zu schaden, begründet das irrationale Gefühl der Bedrohung, das viele Weiße bei seinem Amtsantritt hatten; ebenso wie die Vorstellung, dass Muslime die Scharia in Texas einführen wollen, die Angst begründet, die durch eine Kombination islamfeindlicher Vorurteile, verbreitet von religiösen Nationalisten, und IS-Propagandavideos von Terroranschlägen in fernen Ländern ausgelöst wurde. Sobald Teile der Öffentlichkeit die Bequemlichkeit des Verschwörungsdenkens als Erklärung für irrationale Emotionen und Ressentiments akzeptieren, hören diese Menschen auf, sich in politischen Fragen von der Vernunft leiten zu lassen.

***

Die Verbreitung wilder Verschwörungstheorien begünstigt faschistische Bewegungen. Aber kann dies sein, wo es doch stets die Vernunft ist, die im öffentlichen Raum der liberalen Demokratie obsiegt? Sollte unser System nicht alle Möglichkeiten zulassen, auch die falschen und bizarren, weil sich auf dem Marktplatz der Ideen letztendlich die Wahrheit durchsetzen wird?

Die vielleicht berühmteste Verteidigung der Redefreiheit durch die Philosophie hat John Stuart Mill in seinem Werk *Über die Freiheit* aus dem Jahr 1859 dargelegt. In Kapitel 2, »Von der Denk- und Redefreiheit«, erklärt Mill, dass es stets falsch sei, eine Meinung zu unterdrücken, selbst wenn sie nicht der Wirklichkeit entspricht, da Wissen nur durch die »Kollision [der Wahrheit] mit dem Irrtum« entstehe. Mit anderen Worten: Eine wahre Überzeugung wird erst dann tatsächlich gewusst, wenn sie siegreich aus dem Getümmel von Argumenten, Meinungsverschiedenheiten und Diskussionen hervorgegangen ist.

Mill zufolge entsteht Wissen als das Ergebnis einer Auseinandersetzung – entweder mit echten Gegenübern oder auf dem Wege eines inneren Dialogs – mit abweichenden Positionen. Ohne diesen

Prozess bleibe selbst eine wahre Überzeugung nur ein »Vorurteil«. Wir müssten daher jedwede Rede zulassen, auch falsche Behauptungen und Verschwörungstheorien, denn erst dadurch hätten wir eine Chance, Wissen zu erlangen.

Ob zu Recht oder zu Unrecht, viele verbinden Mills *Über die Freiheit* mit dem Motiv eines »Marktplatzes der Ideen«, einem Bereich, der – wenn man ihn sich selbst überlässt – Vorurteile und Unwahrheiten beseitigen und die Wahrheit ans Tageslicht bringen wird. Allerdings beruht diese Vorstellung, wie diejenige eines freien Marktes im Allgemeinen, auf einer utopischen Vorstellung von Konsumenten. Im Falle des »Marktplatzes der Ideen« liegt die realitätsferne Prämisse darin, dass ein Gespräch rein im Austausch von Argumenten besteht: Diesem Bild zufolge bringt eine Partei ihre Punkte vor, die daraufhin von denen des Gegenübers gekontert werden, bis am Ende schließlich die Wahrheit herauskommt. Aber Gespräche dienen nicht allein der Übermittlung von Informationen, sondern auch dazu, bestimmte Perspektiven auszuschließen, Ängste zu schüren und Vorurteile zu verstärken. Der Philosoph Ernst Cassirer schreibt 1946 zu den Veränderungen, die die faschistische Politik in der deutschen Sprache bewirkt hat:

> *Wenn wir unsere modernen politischen Mythen und den Gebrauch, der von ihnen gemacht wurde, studieren, so finden wir in ihnen zu unserer großen Überraschung nicht nur eine Umwertung aller unserer ethischen Werte, sondern auch eine Umformung der menschlichen Sprache. [...] Neue Worte sind geprägt worden; und selbst die alten sind in einem neuen Sinne verwendet; sie haben einen tiefen Bedeutungswandel durchgemacht. Dieser Bedeutungswandel folgt aus der Tatsache, daß jene Worte, die früher in beschreibendem, logischem oder semantischem Sinne gebraucht wurden, jetzt als magische Worte gebraucht werden, die bestimmt sind, gewisse Wirkungen hervorzubringen und gewisse Affekte aufzurühren. Unsere gewöhnlichen Worte sind mit Bedeutungen geladen; aber diese neugeformten Worte sind mit Gefühlen und heftigen Leidenschaften geladen.*[4]

Das Argument des »Marktplatzes der Ideen« unterstellt, dass Wörter nur in ihrem »deskriptiven, logischen oder semantischen Sinn« verwendet werden. In der Politik jedoch – und hier besonders deutlich in der faschistischen Politik – hat Sprache nicht einfach oder gar hauptsächlich den Zweck, Informationen zu vermitteln, sondern Emotionen hervorzurufen.

Deshalb funktioniert dieses Argument für die Meinungsfreiheit nur, wenn sich die Gesellschaft dazu bereiterklärt, die Kraft der Vernunft anstelle der Macht irrationaler Ressentiments und Vorurteile zu akzeptieren. Ist sie aber gespalten, kann ein demagogischer Politiker die Zwietracht ausnutzen, indem er mit der Sprache Ängste schürt, Stereotype verstärkt und zu Racheakten gegen Mitglieder verhasster Gruppen aufruft. Das Unterfangen, einer solchen Rhetorik mit Vernunft zu begegnen, gleicht dem Versuch, sich mit einem Flugblatt gegen eine Pistole zu verteidigen.

Mill scheint zu glauben, dass aus Auseinandersetzungen zwischen engagierten Gesprächspartnern Wissen, und nur Wissen, hervorgehe, und dass dieses Verfahren vorhandene Vorurteile zerstöre. Sicher hätte er sich dann über den russischen Fernsehsender Russia Today (RT) gefreut, dessen Motto »Question more« (»stelle mehr in Frage«) lautet. Wenn Mills Theorie stimmt, sollte dieses Medium, in dem Stimmen aus dem gesamten politischen Spektrum zu hören sind, von Neonazis bis hin zu Linksextremisten, eine vorbildliche Quelle der Wissensproduktion sein. Aber die Strategie des Senders wurde nicht entwickelt, um die Wahrheit zu finden, sondern sie reproduziert vielmehr eine Propagandatechnik, um das Vertrauen in grundlegende demokratische Institutionen zu unterminieren. Dabei soll die objektive Realität in der Kakophonie von Stimmen verschwimmen, bis sie schließlich nicht mehr vom Lärm zu unterscheiden ist. RT hat gemeinsam mit zahllosen weiteren Medien und Websites weltweit, die Verschwörungstheorien verbreiten, dazu beigetragen, die geteilte Wirklichkeit, mithin eine essenzielle Voraussetzung für den demokratischen Diskurs, zu destabilisieren.

Was hat Mill hier missverstanden? Meinungsverschiedenheiten setzen eine Reihe gemeinsamer Annahmen über die Welt voraus. Selbst ein Duell erfordert ein Einverständnis bezüglich der Regeln. Sie und ich können durchaus unterschiedlicher Meinung darüber sein, ob Obamas Gesundheitsreform eine gute politische Maßnahme war. Wenn Sie jedoch unterstellen, dass der damalige Präsident als verdeckter muslimischer Spion die Vereinigten Staaten zerstören wollte, und ich das nicht glaube, wird unsere Diskussion wohl kaum produktiv sein. Dann sprechen wir nicht über Kosten und Nutzen von Obamas Gesundheitspolitik, sondern darüber, ob hinter seinem Wirken eine heimtückische antidemokratische Agenda stand.

In ihrer Ausarbeitung der Strategie für RT haben die russischen Propagandisten oder »Polit-Technologen« ihre Erkenntnis einfließen lassen, dass man mit einem Durcheinander aus Meinungen und abwegigen Möglichkeiten die grundlegenden Hintergrundannahmen bezüglich der Welt untergraben kann, die eine produktive Analyse zuallererst ermöglichen. Es lässt sich nur schwerlich eine vernünftige Diskussion über Klimapolitik führen, wenn die eine Seite suggeriert, dass die Wissenschaftler, die uns über die globale Erwärmung informieren, eine heimliche pro-homosexuelle Zielsetzung verfolgen (wie zum Beispiel der evangelikale Medienführer Tony Perkins in einer Ausgabe seiner Radiosendung Washington Watch am 29. Oktober 2014).[5] Wenn wir jedwede Meinung in der Öffentlichkeit zulassen und ihr ausreichend Zeit für eine ernsthafte Prüfung gewähren, so führt dies keineswegs zu einem Prozess, der einer Wissensbildung durch Reflexion förderlich ist, sondern zerstört vielmehr die Bedingung der Möglichkeit dazu. In einer liberalen Demokratie müssen verantwortungsbewusste Medien angesichts dieser Bedrohung bestrebt sein, die Wahrheit zu verbreiten, und der Versuchung widerstehen, über jede noch so fantastische Theorie zu berichten, sofern sie von irgendwem vertreten wird.

Wenn Verschwörungstheorien die Politik bestimmen und die etablierten Medien und Bildungseinrichtungen erst einmal diskreditiert sind, dann verfügen die Bürger nicht mehr über eine geteilte Realität, die als Fundament für demokratische Entscheidungsprozesse dienen kann. In einer solchen Situation haben sie keine andere Wahl, als sich an anderen Orientierungspunkten statt Wahrheit oder Glaubwürdigkeit auszurichten. Dann suchen sie – wie wir es überall auf der Welt beobachten können – in der Politik nach »Stammeszugehörigkeiten«, nach der Bewältigung persönlicher Probleme und nach Unterhaltung. Wenn die Nachrichten zu einem Sport werden, erlangt der »starke Mann« ein gewisses Maß an Popularität. Faschistische Politik verwandelt die Berichterstattung von einem Informationskanal, der vernünftige Debatten vermittelt, in ein Spektakel mit ihrem Anführer als Star.

Wie wir bereits gesehen haben, zielt der Faschismus darauf ab, das Vertrauen in die Presse und die Universitäten zu untergraben. Doch besteht die Informationslandschaft einer gesunden demokratischen Gesellschaft nicht einzig aus Institutionen. Die Verbreitung von generellem Misstrauen und Zweifeln schwächt die Bande der wechselseitigen Achtung zwischen den Bürgern und hinterlässt tiefen Argwohn nicht nur gegenüber den Einrichtungen, sondern auch gegenüber den Mitmenschen. Die faschistische Politik bezweckt damit, das geteilte Maß an Respekt zu zerstören, das die Grundlage einer gesunden liberalen Demokratie bildet, und letztlich durch das Vertrauen in eine einzige Person, den Anführer, zu ersetzen. Am erfolgreichsten ist sie dann, wenn dieser von seinen Anhängern als besonders vertrauenswürdig angesehen wird.

Bei den Präsidentschaftswahlen 2016 in den USA hat Donald Trump wiederholt offen gelogen und unverhohlen liberale Normen ignoriert, die lange Zeit als unantastbar galten. Die etablierten Medien berichteten pflichtbewusst über seine vielen Lügen. Seine Gegnerin, Hillary Clinton, hielt sich dagegen an die liberalen Normen gegenseitigen Respekts; ihr einziger Verstoß – als sie die Anhänger ihres Widersachers als »erbärmliche Menschen« bezeichnete – wurde ihr immer wieder ins Gesicht geschleudert. Dennoch hielten die Amerikaner Clintons Kontrahenten für den authentischeren Kandidaten. Weil er schockierende Äußerungen von sich gab, von denen man annahm, sie seien für den öffentlichen Diskurs ungeeignet, wurde Trump als jemand wahrgenommen, der mit seiner Meinung nicht hinter dem Berg hält. Auf diese Weise kann ein Politiker, der klassisches demagogisches Verhalten an den Tag legt, als der authentischere Kandidat erscheinen, selbst wenn er nachweislich verlogen ist.

Unter spezifischen Bedingungen erwächst die Möglichkeit einer solchen Art von Politik aus einer Demokratie heraus.[6] In einer Art propagandistischer Sinnverdrehung können Politiker die Botschaft vermitteln, sie seien die Vertreter des Gemeinwohls, indem sie dieses ausdrücklich angreifen. Um zu verstehen, wie es zu einer derart verwirrenden Konstellation kommen kann, lohnt sich ein Blick darauf, wie die dafür notwendigen Bedingungen im politischen System der USA in der jüngsten Vergangenheit entstanden sind.

Im zehnten Artikel der »Federalist Papers« vertrat Gründervater James Madison die Ansicht, dass die Vereinigten Staaten eine repräsentative Demokratie sein und danach streben sollen, Anführer zu wählen, die die Werte dieser Staatsform am besten vertreten. Während eines Wahlkampfes müssen die Kandidaten zeigen, dass ihnen die gemeinsamen Interessen aller Bürger am Herzen liegen. Nun sind es zwei Faktoren, die den Schutz ausgehöhlt haben, den die repräsentative Demokratie eigentlich bieten sollte. Erstens benötigen Kandidaten enorme Summen an Geld, um überhaupt für ein Amt kandidieren zu können (dies gilt seit der »Citizens-United«-Entscheidung des Obersten Gerichtshofs aus dem Jahr 2010 in noch höherem Maße).* Infolgedessen vertreten sie die Interessen ihrer Großspender. Da wir jedoch in einer Demokratie leben, müssen sie auch versuchen, das Gemeinwohl zu repräsentieren. Aus diesem Grund geben sie vor, dass die Anliegen der multinatio-

* Anm. d. Übers.: Bei der »Citizens-United«-Entscheidung hob der Oberste Gerichtshof in den USA die vorher bestehenden Obergrenzen für Wahlkampfspenden auf.

nalen Konzerne, die ihre Kampagnen finanzieren, mit den Interessen der Bürger identisch sind.

Zweitens gibt es Wähler, die die demokratischen Werte nicht teilen, und auch an sie müssen die Politiker sich wenden. Große Ungleichheiten verschärfen dieses Problem zusätzlich. Manche Bürger fühlen sich von Grund auf stärker zu einem System hingezogen, das ihre eigene Religion, ihre Ethnie, ihr Geschlecht oder ihre mit der Geburt erlangte Stellung in der Gesellschaft begünstigt. Unerfüllte Erwartungen bezüglich dieser privilegierten Position können dann in Ressentiments gegen Minderheitengruppen umschlagen, die die vorherrschenden Traditionen nicht teilen; insbesondere, wenn demagogische Politiker die Güter, die diesen zugutekommen, nullsummenspielartig so darstellen, als würden sie den Mehrheitsgruppen entzogen. Bestimmte Wähler machen Minderheiten und nicht das Verhalten der wirtschaftlichen Eliten für ihre unerfüllten Erwartungen verantwortlich. Die Kandidaten müssen auch sie für sich gewinnen und dabei gleichzeitig den Anschein wahren, die demokratischen Werte zu achten. Infolgedessen bedienen sich viele Politiker einer kodierten Sprache, um Ressentiments auszunutzen, wie etwa bei der »Südstaatenstrategie« der Republikanischen Partei,* und dem Vorwurf zu entgehen, die Perspektiven gegnerischer Gruppen auszuschließen. Der berühmt-berüchtigte Politstratege Lee Atwater, damals Berater im Weißen Haus unter Reagan (später Wahlkampfmanager bei George H. W. Bushs Sieg 1988), erklärte in einem Interview mit dem Politikwissenschaftler Alexander Lamis 1981, es sei im Laufe der Zeit zunehmend wichtiger geworden, rassistische Motive zu verbergen:

* Anm. d. Übers.: Unter der Südstaatenstrategie (»Southern Strategy«) versteht man in den USA Nixons Versuch, konservative demokratische Kreise in den Südstaaten für sich zu gewinnen, indem er an ihre rassistischen Ressentiments appellierte.

Seit 1968 kann man nicht mehr »Nigger« sagen – das schadet einem, es gibt dann richtig Ärger. Also sagt man Dinge wie »Busfahren«, »Staatenrechte« und all diese Dinge, und man wird dabei sehr abstrakt. Jetzt reden Sie von Steuersenkungen; und all diese Dinge, über die Sie sprechen, sind rein wirtschaftlicher Natur, und eines ihrer Nebenprodukte ist, dass Schwarze stärker betroffen sind als Weiße.*[7]

Derartige Taktiken sind kein Geheimnis, und aus genau diesen Gründen erscheint die US-Politik vielen Wählern als unaufrichtig. Sie haben es satt und sie sehnen sich nach prinzipientreuen, ehrlichen Politikern, die sagen, wie es ist. Und sie werden von solchen Kandidaten selbst dann angezogen, wenn sie sich kaum Werte mit ihnen teilen.

Aber wie können Politiker vermitteln, dass sie keine Heuchler sind, falls sich die Wähler bereits – sowohl aus tatsächlichen als auch aus konstruierten Gründen – an eine dicke Schicht der Scheinheiligkeit in allen politischen Angelegenheiten gewöhnt haben?

Eine Möglichkeit für Kandidaten, der weit verbreiteten Abscheu vor Heuchelei zu begegnen, besteht darin, sich als Verfechter demokratischer Werte darzustellen. Theoretisch wären solche Politiker in einer partizipativen Kultur am beliebtesten. In bestimmten Milieus verspricht diese Strategie jedoch keinen Erfolg; denn es ist schwierig, sich in einem Umfeld allgemeinen Misstrauens als wahrer Vertreter des Gemeinwohls zu inszenieren. Man gewinnt damit keine Wähler, die demokratische Werte wie Gleichheit zwischen Ethnien und Geschlechtern ablehnen, oder solche, die leugnen, dass Ungleichheiten überhaupt existieren – und zwischen den Kandidaten, die als Verfechter demokratischer Werte auftreten, wird es einen harten Wettbewerb um den Rest geben, der selbige befürwortet.

---

* Anm. d. Übers.: »Busing«, hier »Busfahren«, bezeichnet den Versuch, die Trennung nach Ethnien an Schulen durch Schulbustransporte afroamerikanischer Kinder in »weiße« Vororte (und umgekehrt) aufzuheben.

Doch da ist noch ein Weg, wie ein Politiker den Anschein von Aufrichtigkeit erwecken kann, ohne sich mit anderen Kandidaten messen zu müssen, die dieselbe Strategie verfolgen: indem er für Spaltung und Konflikt einsteht. So eine Person könnte sich offen an die Seite von Christen gegen Muslime und Atheisten stellen oder an die Seite gebürtiger Amerikaner gegen Einwanderer oder auf die Seite Weißer gegen Schwarze oder Reicher gegen Arme – und dabei völlig unverfroren lügen; kurzum, sie könnte Authentizität ausstrahlen, indem sie transparent und unverblümt das zurückweist, was sonst an unantastbaren politischen Werten vorausgesetzt wird.

Solche Kandidaten würden als frischer Wind in einer politischen Kultur wahrgenommen, die von vermeintlicher und tatsächlicher Heuchelei gekennzeichnet ist. Und sie wären insbesondere dann überzeugend, wenn sie ihre behauptete Authentizität unter Beweis stellten, indem sie gezielt Minderheiten angreifen, die bei ihren Wählern unbeliebt sind. Eine derartige offene Ablehnung demokratischer Werte würde als politischer Mut, als Indiz für Authentizität gewertet. Nicht zu Unrecht sah Platon in den Freiheitsräumen der Demokratie die Möglichkeit für den Aufstieg eines geschickten Demagogen, der genau diese nutzt, um die Realität zu zersplittern und sich selbst als Ersatz anzubieten.

Seit Platon und Aristoteles wissen die politischen Theoretiker, dass die Demokratie auf einem durch Ungleichheit vergifteten Boden nicht gedeihen kann. Nicht nur, dass die Ressentiments, die durch solche Spaltungen entstehen, dem Demagogen eine verlockende Angriffsfläche bieten; der wichtigere Punkt ist, dass dramatische Ungleichheit eine tödliche Gefahr für die gemeinsame Realität darstellt, die eine gesunde liberale Demokratie voraussetzt. Diejenigen, die von ihr profitieren, sind oft von bestimmten Illusionen geleitet, die sie daran hindern, die arbiträre Natur ihrer Privilegien anzuerkennen. Nimmt die Ungleichheit besonders stark zu, neigen die daraus resultierenden Hirngespinste zur Metastasenbildung. Welcher Diktator, König oder Kaiser war nicht versucht zu glauben, von den Göttern für seine Rolle auserwählt worden zu sein? Welche Kolonialmacht gab sich nicht einer Ideologie der Überlegenheit ihrer Ethnie, Religion, Kultur und Lebensweise hin, die ihre imperialen Expansionen und Eroberungen vermeintlich rechtfertigte? Vor dem Sezessionskrieg wähnten die Weißen in den Südstaaten, dass die Sklaverei ein großes Geschenk für die Versklavten sei. Die Härte der Plantagenbesitzer gegen diejenigen, die zu fliehen oder zu rebellieren versuchten, beruhte nicht zuletzt auf ihrer Überzeugung, dass ein solches Verhalten einen Mangel an Dankbarkeit erkennen ließ.

Extreme wirtschaftliche Ungleichheit ist Gift für die liberale Demokratie, weil sie Wahnvorstellungen hervorruft, die die Realität verschleiern und die Möglichkeit zur gemeinsamen Entscheidungsfindung untergraben, wie man die Spaltungen innerhalb der Gesellschaft auflösen könnte. Die Menschen, die von ihr profitieren, sind geneigt zu glauben, dass sie ihr Privileg verdient hätten – eine Illusion, die sie daran hindert, die Welt so zu sehen, wie sie ist. Selbst denjenigen, die nachweislich keine Vorteile aus Hierarchien ziehen, lässt sich Gegenteiliges vorgaukeln; etwa, wenn Rassismus instrumentalisiert wird, um arme weiße Bürger in den Vereinigten Staaten dazu zu verleiten, Steuersenkungen für Superreiche zu unterstützen, die zufällig dieselbe Hautfarbe haben wie sie.

Egalität bedeutet, dass Menschen mit unterschiedlich viel Macht und Wohlstand dennoch als gleichwertig gelten. Per Definition ist sie daher mit wirtschaftlicher Ungleichheit vereinbar. Wo Letztere allerdings zu sehr gewuchert hat, bedrohen die Narrative, die zu ihrer Aufrechterhaltung nötig sind, zwangsläufig auch die liberale Gleichheit.

Die Mythen, die unter Bedingungen extremer materieller Ungleichheit entstehen, erlauben es, den eigentlichen gemeinsamen Bezugspunkt des öffentlichen Diskurses – nämlich die Welt – auszublenden. Um die Realität vollends zu zerstören, ersetzt die faschistische Politik das liberale Ideal der Egalität durch sein Gegenteil: Hierarchie.

5 Hierarchie

Die einfachste Beobachtung zeigt, dass bei beliebigen auffälligen Kontrasten des Schicksals und der Situation zweier Menschen, es sei etwa in gesundheitlicher oder in ökonomischer oder in sozialer oder welcher Hinsicht immer, möge der rein »zufällige« Entstehungsgrund des Unterschieds noch so klar zutage liegen, der günstiger Situierte das nicht rastende Bedürfnis fühlt, den zu seinen Gunsten bestehenden Kontrast als »legitim«, seine eigene Lage als von ihm »verdient« und die des anderen als von jenem irgendwie »verschuldet« ansehen zu dürfen.

— Max Weber, *Wirtschaft und Gesellschaft*[1]

Die Geschichte der liberalen Staatsbürgerschaft – der Gleichheit vor dem Gesetz – war im Allgemeinen eine Geschichte der Expansion, die nach und nach Menschen aller Ethnien, Religionen und Geschlechter, um nur einige Beispiele zu nennen, umfasste. Dies gilt in gleichem Maß für die politische Philosophie. Beispielsweise haben Philosophen unter dem Einfluss von Theoretikern, die sich mit Behinderungen befassen, den Begriff der Menschenwürde auch auf diejenigen ausgedehnt, die für gewöhnlich nicht in der Lage sind, ihre politische Urteilsfähigkeit geltend zu machen. Im 21. Jahrhundert trägt die Mehrzahl liberaler Denker dem universellen Status und der Würde des Menschen umfassend Rechnung, ebenso wie der Fähigkeit, körperliches Leid und Gefühle zu empfinden sowie auf vielfältige Weise die eigene Identität und Empathie auszudrücken.

Der faschistischen Ideologie zufolge schreibt die Natur dagegen Rangordnungen der Macht und Dominanz vor, die mit der Gleichheit des Respekts, wie sie die liberale demokratische Theorie voraussetzt, absolut unvereinbar sind.

Das Phänomen »Hierarchie« ist eine Art Massenwahn, der von der faschistischen Politik nur allzu gern dienstbar gemacht wird. Ein wichtiger Zweig der Sozialpsychologie, die soziale Dominanztheorie, entwickelt von Jim Sidanius und Felicia Pratto, untersucht diese Wahnvorstellungen unter der Bezeichnung »Legitimationsmythen«.[2] Die einleitenden Passagen einer 15 Jahre rückblickenden Literaturauswertung von 2006 enthalten folgende These:

> *Unabhängig von der Regierungsform einer Gesellschaft, den Inhalten ihres grundlegenden Glaubenssystems oder der Komplexität ihrer sozialen und wirtschaftlichen Einrichtungen neigen menschliche Gesellschaften dazu, sich als gruppenbasierte soziale Hierarchien zu organisieren, in denen mindestens eine Gruppe einen höheren sozialen Status und mehr Macht genießt als andere Gruppen.*[3]

Die faschistische Ideologie macht sich also die menschliche Tendenz zunutze, die Gesellschaft hierarchisch zu organisieren; und faschistische Politiker präsentieren die Mythen, die Rangordnungen legitimieren, gleich unumstößlichen Fakten. Als Hauptbeleg für die Existenz von Hierarchien muss stets die Natur selbst herhalten. Für Faschisten bedeutet das Prinzip der Gleichheit eine Leugnung des Naturgesetzes, das bestimmte Traditionen – die der Mächtigeren – über andere stellt: Angeblich ordnet die Natur beispielsweise den Mann über der Frau und die Angehörigen der auserwählten Nation über den Mitgliedern anderer Gruppen ein.

Faschistisches Schrifttum beruft sich immer wieder auf die Natur. Am 21. März 1861 hielt Alexander H. Stephens, der Vizepräsident der Konföderierten Staaten von Amerika, eine Rede, die als »Cornerstone Speech« (»Grundsteinrede«) bekannt wurde. Darin prangert er die in der US-Verfassung verankerten Grundsätze der Freiheit und Gleichheit als Verstöße gegen die Naturgesetze an:

> *Unsere neue Regierung gründet auf genau der entgegengesetzten Idee [der Gleichheit]; ihr Fundament und ihr Grundstein ruhen auf der tiefen Wahrheit, dass der Neger dem Weißen nicht gleich ist, dass die Unterordnung unter die höhere Rasse seine natürliche und normale Bestimmung ist.*[4]

Die Grundsteinrede veranschaulicht die typisch faschistische Logik, wonach liberal-demokratische Prinzipien im Widerspruch zur Natur stehen und daher aufgegeben werden müssen:

> *Ich entsinne mich, dass ich einmal hörte, wie ein sehr mächtiger und tüchtiger Herr aus einem der Nordstaaten im Repräsentantenhaus mit beeindruckender Wirkung verkündete, dass wir im Süden gezwungen sein würden, in der Frage der Sklaverei letztendlich nachzugeben, dass es in der Politik ebenso unmöglich sei, erfolgreich gegen ein bestimmtes Prinzip zu kämpfen wie in der Physik oder der Mechanik. Letztlich werde dieses Prinzip obsiegen. Dass wir nämlich mit der Aufrechterhaltung der Sklaverei, wie sie bei uns besteht, gegen ein Prinzip kämpfen, ein Prinzip, das in der Natur begründet sei, das Prinzip der Gleichheit der Menschen. Ich entgegnete ihm, dass wir letztlich aufgrund seiner eigenen Argumente Erfolg haben und dass er und seine Mitstreiter in diesem Kreuzzug gegen unsere Institutionen letztlich scheitern werden. Ich räumte ein, dass es ebenso unmöglich sei, in der Politik erfolgreich gegen ein Prinzip zu kämpfen wie in der Physik und der Mechanik; doch sagte ich ihm, dass er und diejenigen, die in seinem Sinne handeln, gegen ein Prinzip kämpfen. Sie versuchten, Dinge gleich zu machen, die der Schöpfer ungleich erschaffen hatte.*

Die Konföderation, so Stephens, sei »auf Prinzipien gegründet, die in strikter Übereinstimmung« mit den Naturgesetzen stehen und »den wahren ›Grundstein‹ unseres neuen Gebäudes« bilden. Zudem verurteilt er diejenigen, die Ungleichheit infolge ethnischer Minderwertigkeit leugnen, als »Fanatiker« und bezichtigt sie, »die ewigen Prinzipien der Wahrheit« abzulehnen. Ebenso wie Hitlers Reich wurde die Konföderation geschaffen, um »das aristokratische Prinzip in der Natur« – eine Art »Rassenhierarchie« – zu verteidigen.

An den Universitäten gibt es nach wie vor einflussreiche Personen, die einen »vernünftigen Diskurs« über die genetischen Unterschiede zwischen den Ethnien in Bezug auf Aspekte wie Intelligenz oder Gewaltbereitschaft fordern. Diese Stimmen sind ein deutlich vernehmbares Echo von Stephens' Verurteilung der Abolitionisten als irrationale »Fanatiker« wegen ihres festen Glaubens an die Gleichheit der Menschen. In seinem Artikel »Die unwillkommene Rückkehr der Rassenlehre« vom März 2018 im *Guardian* beschreibt Gavin Evans, wie eine solche »durch Persönlichkeiten wie den Politikwissenschaftler Charles Murray und den Harvard-Psychologen Steven Pinker in den Diskurs der Gegenwart einsickert«. Dem Autor zufolge begann Pinker ab 2005 die Meinung zu verbreiten, dass »aschkenasische Juden von Natur aus besonders intelligent sind«, eine Ansicht, die Evans als »das lächelnde Antlitz der Rassenlehre« bezeichnet. Die Behauptung lade den Leser dazu ein, Rückschlüsse auf andere Gruppen und deren »angeborene Intelligenz« zu ziehen. In einem Beitrag für das Online-Magazin *The Edge* kritisiert Pinker 2007, wie die »politische Korrektheit« Forscher davon abgehalten habe, »gefährliche Ideen« zu untersuchen, darunter »Haben Frauen im Durchschnitt ein anderes Begabungs- und Gefühlsprofil als Männer?« und »Sind aschkenasische Juden im Durchschnitt intelligenter als Nichtjuden, weil ihre Vorfahren für die beim Geldverleih erforderliche Gerissenheit ausgelesen wurden?« sowie »Weisen afroamerikanische Männer im Durchschnitt einen höheren Testosteronspiegel auf als weiße?«. Das Bedenkliche an dieser Art von Literatur ist, dass sie diejenigen, die eine natürliche Quelle der Ungleichheit zu finden versuchen, als mutige Wahrheitssucher darstellt, die von der Vernunft dazu getrieben werden, das Herzensanliegen der Egalität zurückzuweisen. Ihre bisherige Forschung hat sich bestenfalls als zweifelhaft erwiesen. Dennoch geht die Suche nach der natürlichen Quelle der Ungleichheit, die Stephens als Tatsache bezeichnet, weiter wie die Suche nach dem Heiligen Gral.

Faschisten argumentieren, dass es ursprüngliche Hierarchien gebe und dass diese die Verpflichtung zur Gleichbehandlung aufheben. Eine entsprechende Einstufung findet sich in den Worten vieler weißer Unterstützer Donald Trumps bei den US-Präsidentschaftswahlen 2016 wieder, die regelmäßig von ihrer Verachtung für vermeintlich »unverdiente« Empfänger staatlicher Zuwendungen in Form von Gesundheitsfürsorge sprachen, womit sie häufig ihre schwarzen Mitbürger meinten. Bei seiner Kandidatur nutzte Trump die langwährende Geschichte der Einteilung von Amerikanern in eine Hierarchie der Wertigkeit je nach Ethnie: die »Würdigen« gegen die »Unwürdigen«.

Werden sie von Journalisten dazu aufgefordert, diese Unterscheidung zu begründen, so wählen Menschen, die ein derartiges Vokabular verwenden, in erster Linie die Begriffe »fleißig« und »faul« statt der Sprache ethnischer Differenzen. Allerdings rechtfertigt das kaum die Einteilung ihrer Mitbürger nach solchen Kategorien. Erstens hat der Rassismus in den Vereinigten Staaten oft die Gestalt angenommen, dass Schwarzsein mit Faulheit assoziiert wird. Dieser Sprachgebrauch war schon immer eine Chiffre für die Einordnung in »Rassenhierarchien«. Zweitens zeugt es von einer gewissen Unkenntnis des Konzepts der liberalen Demokratie, wenn der Wert eines Menschen anhand seiner angeblichen Fähigkeit zu harter Arbeit bemessen wird. Die politische Theorie behauptet an keiner Stelle, dass Fleiß der Gleichberechtigung vorausgehen müsse. Der Gedanke hinter der liberalen Demokratie lautet stattdessen, dass wir alle die grundlegenden Güter der Gesellschaft gleichermaßen verdient haben.

Einige werden für die Existenz inhärenter Unterschiede zwischen verschiedenen Gruppen von Menschen in Bezug auf Intelligenz und Selbstbeherrschung argumentieren und dennoch behaupten, dass sie die gleiche Würde für alle schätzen. Die Geschichte liefert uns jedoch eindrückliche Beispiele dafür, wie schwierig es ist, an systematische gruppenspezifische Differenzen zu glauben und parallel die Gleichbehandlung der anderen aufrechtzuerhalten. In seinem 1920 erschienenen Essay »Of the Ruling of Men« schreibt W. E. B. Du Bois über das Versäumnis, Frauen bei der Politikgestaltung eine vollwertige Stimme zu geben:

> *[...] Frauen wurden aufgrund der Theorie der weiblichen Unterwerfung von der modernen Demokratie ausgeschlossen, weil man argumentierte, dass ihre Ehegatten oder andere männliche Personen sich schon um ihre Belange kümmerten. Nun ist es offensichtlich, dass sich die meisten Ehemänner, Väter und Brüder, soweit sie es können oder die Bedürfnisse der Frauen überhaupt wahrnehmen, um sie sorgen werden [...]. Wir müssen uns nur die unzulänglichen Beziehungen zwischen den Geschlechtern in der ganzen Welt und die Probleme der Kinder ansehen, um einzusehen, wie dringend wir diese ausgegrenzte Weisheit benötigen.*[5]

Derartige Beispiele verdeutlichen die Schwierigkeit, eine Ethik der Gleichwertigkeit aufrechtzuerhalten, solange man von genetisch bedingten Gruppenunterschieden in Bezug auf kognitive Leistung oder die Fähigkeit, das eigene Handeln zu kontrollieren, überzeugt ist. Niemand sieht sich in der Auseinandersetzung mit der Realität gezwungen, an die Existenz hierarchischer Differenzen zu glauben, zum Beispiel zwischen den Geschlechtern oder zwischen ethnischen Gruppen. Für solche Rangordnungen gibt es keine überzeugenden Beweise, trotz jahrhundertelanger Versuche, sie durch religiöse Erlasse oder wissenschaftliche Untersuchungen zu begründen. Diejenigen, die sich vehement für »Rassenhierarchien« bei der Intelligenz oder der Fähigkeit zur Impulskontrolle einsetzen und gleichzeitig jedes Verständnis für etwaige illiberale moralische oder politische Konsequenzen leugnen, sind in der Regel fehlgeleitet.

***

Selbstredend ist die Schaffung von Hierarchien ein Mittel zur Ergreifung und zum Erhalt von Macht – eine Art von Macht, welche die liberale Demokratie versucht, zu delegitimieren. Kritik kommt diesbezüglich sowohl von der traditionellen Linken als auch von der traditionellen Rechten. Erstere behauptet, der Liberalismus lasse strukturelle und historische Ungleichheiten außer Acht, da er in der Regel keine Wiedergutmachungen für vergangene Diskriminierung vorsieht. Zudem argumentieren linke Kritiker, dass die liberalen Ideale der Egalität und Freiheit dazu benutzt werden können, die Macht dominanter Gruppen zu festigen. So ließe sich beispielsweise die Abschaffung von Maßnahmen zur Beseitigung verfestigter struktureller Ungerechtigkeit – wie etwa Förderprogramme – damit begründen, dass diese gegen die liberalen Ideale der Gleichbehandlung verstoßen. Die von rechts geäußerte Kritik am Liberalismus hat hingegen einen anderen Charakter. Hier lautet die Warnung, dass das liberale Konzept der Gleichheit von Minderheiten als Waffe eingesetzt werden könne, um den privilegierten Status dominanter Gruppen und ihrer Traditionen zu untergraben.

Sowohl linke als auch rechte Kritiker des Liberalismus fokussieren auf die Möglichkeit, dass liberale Ideale existierende Machtunterschiede ausblenden: Die Linken machen geltend, inwiefern diese bereits bestehende Ungleichheiten festschreiben; die Rechten wenden ein, dass der Liberalismus durch das Ignorieren von Machtunterschieden dominante Gruppen der Gefahr aussetze, dass ihr privilegierter Status durch erzwungene und daher ungerechte »Machtteilung« aufgehoben werde. Die letztgenannte Kritik findet sich explizit in Hitlers Schriften wie auch bei den »Weisen von Zion«.

Zur Erinnerung: Bei den »Protokollen« handelt es sich um eine Fälschung, die vorgibt, eine Art Handbuch der »Weisen von Zion« – den fiktiven Anführern der Juden – zu sein, um im Namen des jüdischen Volkes die Weltherrschaft zu übernehmen. Sie beginnen mit der Aufforderung, den »Gegner mit dem falschen Begriffe ›Freiheit‹ anzustecken«. Den »Protokollen« zufolge schwäche dieser die »Gegenrichtung«, indem er sie dazu bringe, die Gleichberechtigung der Juden anzuerkennen. Haben die Christen den Liberalismus erst einmal akzeptiert, müssen sie anderen religiösen Gruppen den gleichen Respekt und die gleiche Anerkennung zukommen lassen und damit ihre traditionell dominante Position aufgeben:

> *Die staatsrechtliche Freiheit ist ein Gedanke, ein Begriff, aber keine Tatsache. Dieser Gedanke ändert sich sofort, sobald es darauf ankommt, die Volkskräfte zu unterdrücken und zu erwürgen, sobald es gilt, daß die nach der Herrschaft strebende Partei die Gegenrichtung nieder zu zwingen sucht. Diese Aufgabe wird wesentlich leichter, wenn der Gegner selbst von dem falschen Begriffe »Freiheit« angesteckt wird und sich wegen dieser unrichtigen Vorstellung seiner Macht begibt. Hierauf gründet sich der Sieg unsere Lehre: Wenn die Zügel am Boden schleifen und die Führung fehlt, so hört die gewonnene Zügellosigkeit bald wieder auf; denn eine neue Hand erfaßt die Zügel und zieht sie an. Die blinde Masse des Volkes kann nicht ohne Herrschaft sein. Eine neue Herrschaft tritt an die Stelle der alten, die durch den Freisinn ihrer Kraft beraubt wurde.*[6]

Mit der Feststellung, »politische Freiheit ist ein Gedanke, ein Begriff, aber keine Tatsache«, wiederholen die fiktiven Autoren das Thema von Stephens' Grundsteinrede, wonach Freiheit und Gleichheit eine Illusion, eine Unmöglichkeit seien, da die Natur fordere, dass ein Volk leite und dominiere. Die »Protokolle« empfehlen, den Mythos des »Freisinns«, ein anderes Wort für den Liberalismus, unter den Mitgliedern dominanter Gruppen zu verbreiten. Indem sie diesen akzeptieren, räumen die Mächtigen den bislang Unterdrückten den gleichen Status wie sich selbst ein. Der Umstand, dass »die blinde Masse des Volkes nicht ohne Herrschaft sein kann«, versetze die Juden in die Lage, sobald sie von den Christen einen Teil der Macht erhalten haben, auch den Rest an sich zu reißen.

Dem Faschisten zufolge ist Freiheit das Trojanische Pferd des Liberalismus. Die Rolle des Odysseus kann dabei unterschiedlich besetzt werden – von Juden, von Homosexuellen, von Muslimen, von Nichtweißen, von Feministinnen; die Liste ließe sich fortsetzen. Jeder, der die Doktrin der Egalität verbreitet, ist entweder ein Dummkopf, »von dem falschen Begriffe ›Freiheit‹ angesteckt«, oder ein Feind der Nation, der die Ideale des Liberalismus nur mit hinterhältigen und tatsächlich illiberalen Zielsetzungen propagiert.

Das faschistische Projekt verbindet die Sorge um den Statusverlust der Mitglieder der wahren »Nation« mit der Furcht vor der gleichen Anerkennung der verhassten Minderheitengruppen. Vom Ku-Klux-Klan des 20. Jahrhunderts wurden Juden häufig als die treibende Kraft hinter der Gleichstellung der Schwarzen wahrgenommen. Ihre Absicht sei dabei, das reine weiße Blut zu verwässern und den weißen, christlichen Ethno-Staat zu unterwandern. Wie der Nazi-Ideologe Alfred Rosenberg 1923 in einem Kommentar zu den »Protokollen« schreibt: »Bekanntlich gibt die Judenheit aller Schattierung Tag für Tag vor, für Freiheit und Frieden zu kämpfen; ihre Redner triefen von Humanität und Menschenliebe, solange nämlich jüdische Interessen dadurch gefördert werden.«[7] Im Kontext der nationalsozialistischen Ideologie agieren die Juden mit denselben hierarchischen Ansichten über die Natur wie die Nazis, benutzen dabei aber die universellen Prinzipien des Liberalismus als Fassade zu ihrem Vorteil. Wie wir gesehen haben, ist es für die faschistische Politik typisch, die eigentlichen Verteidiger der liberalen Demokratie so darzustellen, als würden sie die damit verbundenen Ideale nur hochhalten, um sie zu unterminieren.

Den Faschisten zufolge fordern Liberale und Marxisten (oder »Kulturmarxisten«) Freiheit und Gleichheit, um diese Ideen wie »Infekte« unter den Mitgliedern der herrschenden Gruppe zu verbreiten und sie dazu zu bewegen, ihre Macht bereitwillig abzugeben. Im Falle der Gleichberechtigung der Frauen führe die Akzeptanz der liberalen Ideale zur Zerstörung der tugendhaften patriarchalen Gesellschaft, die die Grundlage des faschistischen Mythos bildet. Gleichsam lehnte Lindberghs America-First-Bewegung den Liberalismus ab, da sie eine Verschmutzung des »reinen

Blutes« der weißen Nation durch Einwanderung fürchtete. Schließlich heißt es im gegenwärtigen Russland und in weiten Teilen der christlichen Rechten in den USA, die liberale Demokratie habe die Legitimierung von Einwanderung und die Akzeptanz von Homosexualität sowie die damit vermeintlich einhergehenden Phänomene der Massenvergewaltigung und der »Entartung« zur Folge.

***

Rangordnungen kommen der faschistischen Politik noch auf andere Weise zugute: Jene, die sich an ihre Vorteile gewöhnt haben, nehmen die liberale Gleichheit leicht zum Anlass, um in eine Opferrolle zu schlüpfen. Die Profiteure der Hierarchie sind von einem Mythos ihrer eigenen Überlegenheit beseelt, der die grundlegenden Fakten der sozialen Wirklichkeit ausblendet. Den Appellen der Liberalen für Toleranz und Inklusion werden sie deshalb mit dem Argument misstrauen, dass diese lediglich ein Deckmantel für die Machtübernahme durch andere Gruppen seien. Faschistische Politik speist sich aus einem Gefühl des Gekränktseins, verursacht durch den Verlust des hierarchischen Status.

Aus diesem Grund sind im Niedergang befindliche Imperien besonders anfällig für faschistische Politik, liegt es doch bereits in ihrer Natur, eine Hierarchie zu schaffen. Großreiche legitimieren ihre kolonialen Unternehmungen durch einen Mythos der eigenen Ausnahmestellung. Zur Zeit des Niedergangs ist ihre Bevölkerung deshalb anfällig für Gefühle nationaler Demütigung, die seitens der faschistischen Politik für unterschiedliche Zwecke mobilisiert werden können. Im späten 19. und frühen 20. Jahrhundert brach das Osmanische Reich auf dramatische Weise zusammen und verlor dabei mehr als eine Million Quadratkilometer an Territorium in Afrika und Europa, darunter Albanien, Bosnien, Herzegowina, Libyen, Kreta und Mazedonien. Das osmanische Sultanat wurde 1908 gestürzt und das Reich fünf Jahre später von extremistischen Ultranationalisten übernommen. Diese predigten die mythische Vision einer ethnisch reinen Vergangenheit, bedroht von der Anwesenheit nicht-türkischer und nicht-muslimischer Minderheiten (die Mythologie ist hier besonders eklatant, da die Heimat des Osmanischen Reiches, die heutige Türkei, das Kerngebiet von Byzanz, einem der mächtigsten und langlebigsten christlichen Reiche der Weltgeschichte, war). Sie verstanden es, die Gefühle von Demütigung und Missgunst sowie den territorialen Verlust auszunutzen, um im zweiten Jahrzehnt des 20. Jahrhunderts eines der schrecklichsten Verbrechen der Geschichte zu begehen: das Massaker an der christlichen armenischen Bevölkerung der Türkei.

In »Why Now? It's the Empire, Stupid«, einem 2016 in *The Nation* veröffentlichten Artikel, argumentiert der Historiker Greg Grandin von der New York University, dass Donald Trumps Politik im Kontext des Wahlkampfs 2016 deshalb so effektiv war, weil sie zu einem Zeitpunkt kam, da sich das amerikanische Imperium bereits im Niedergang befand. Wir erleben gerade den Abschluss der Ära nach dem Ende des Kalten Krieges, in der die Vereinigten Staaten als einzige verbliebene Supermacht die Welt beherrschen. Grandin erklärt, dass ein Imperium bei seinen Bürgern einen beruhigenden Mythos der Überlegenheit kultiviert und dadurch die verschiedenen sozialen und strukturellen Probleme überdeckt, die sonst zu politischen Schieflagen führen würden. Im Zuge seines Niedergangs müssen sich die Einwohner eines einst mächtigen Reiches mit der Tatsache auseinandersetzen, dass ihre Ausnahmestellung eine Illusion war. Grandin schreibt, dass sich ab 2008, etwa zu dem Zeitpunkt, als Barack Obama die Präsidentschaftswahlen gewann,

> *das Sicherheitsventil des Imperiums schloss, weil es durch den katastrophalen Irak-Krieg in Verbindung mit der Finanzkrise von 2008 verstopft war. [...] Weil Obama in den Ruinen des Neoliberalismus und des Neokonservatismus an die Macht kam, [konnte] das Imperium nicht mehr die Gemüter beschwichtigen, die Interessen bedienen und die Spaltungen überwinden.*

Wenn die imperiale Rangordnung zusammenbricht und die soziale Realität zutage tritt, entstehen hierarchische Einstellungen im Land als Mechanismus zur Aufrechterhaltung des vertrauten und beruhigenden Mythos von der eigenen Exzellenz. Faschistische Politik lebt von den Gefühlen des Verlusts und der Viktimisierung, die aus dem zunehmend schwierigeren Kampf um die Verteidigung eines Eindrucks kultureller, ethnischer, religiöser, geschlechtsspezifischer oder nationaler Überlegenheit hervorgehen.

6 Die Opferrolle

In der faschistischen Politik werden die entgegengesetzten Begriffe von »Gleichheit« und »Diskriminierung« miteinander vermischt. Der Civil Rights Act aus dem Jahr 1866 machte die kurz zuvor befreiten schwarzen Amerikaner des Südens zu US-Bürgern und garantierte ihre Rechte. Das Gesetz wurde am 14. März 1866 von Senat und Repräsentantenhaus verabschiedet. Noch im selben Monat legte Präsident Andrew Johnson sein Veto ein – mit der Begründung, dass der Civil Rights Act »für die Sicherheit der Schwarzen Schutzmaßnahmen vorsieht, die unendlich weit über das hinausgehen, was die amerikanische Regierung jemals für die Weißen vorgesehen hat«. Wie W. E. B. Du Bois feststellt, betrachtete Johnson die minimalen Schutzmaßnahmen am Anfang eines Weges zur künftigen Gleichberechtigung der Schwarzen als »Diskriminierung der Weißen«.[1] Auch heutzutage überschätzen weiße Amerikaner das Ausmaß der Fortschritte, die ihr Land in den letzten 50 Jahren auf dem Weg zur Gleichstellung der Ethnien gemacht hat, gewaltig. Die wirtschaftliche Ungleichheit zwischen Schwarzen und Weißen ist momentan in etwa so groß wie zu Zeiten der Reconstruction. Auf 100 Dollar, über die eine weiße Durchschnittsfamilie verfügt, kommen bei einer schwarzen gerade einmal 5 Dollar. Wie Jennifer Richeson, Michael Kraus und Julian Rucker in ihrer 2017 veröffentlichten Studie »Americans Misperceive Racial Economic Equality« zeigen, sind sich Weiße dieser Tatsache weitgehend nicht bewusst und glauben, dass sich die wirtschaftliche Ungleichheit zwischen den Ethnien dramatisch verringert habe.[2] 45 Prozent der Anhänger Donald Trumps wähnen, dass weiße Bürger die am stärksten diskriminierte Ethnie in den USA seien; und 54 Prozent von ihnen glauben, dass es sich bei der am stärksten verfolgten religiösen Gruppe um Christen handele. Dabei ist der Unterschied zwischen einem bloßen Gefühl der Verbitterung oder Unterdrückung und echter Ungleichheit oder gar Diskriminierung natürlich eklatant.

Es gibt eine lange Tradition sozialpsychologischer Forschung bezüglich der Tatsache, dass eine stärkere Vertretung von Angehörigen traditioneller Minderheiten von der Mehrheitsgesellschaft auf vielfältige Weise als bedrohlich empfunden wird.[3] Inzwischen existieren immer zahlreichere wissenschaftliche Belege für das Phänomen, dem zufolge sich dominante Gruppen angesichts der Aussicht auf eine gleichberechtigte Machtteilung mit marginalisierten Gruppen als Opfer fühlen. Vor einigen Jahren erregte beispielsweise die Prognose breite Aufmerksamkeit, dass die Vereinigten Staaten um das Jahr 2050 ein Land mit einer »Minderheitenmehrheit« sein, also die Weißen nicht mehr die absolute Mehrheit stellen werden. Sozialpsychologen haben sich die Erkenntnis zunutze gemacht und untersucht, was passiert, wenn man weiße Amerikaner mit dieser Information konfrontiert.

In einer Studie aus dem Jahr 2014 fanden Maureen Craig und Jennifer Richeson heraus, dass die bloße Erwähnung des bevorstehenden Wandels der USA hin zu einem Land mit einer »Minderheitenmehrheit« die Unterstützung politisch ungebundener weißer Amerikaner für politische rechte Maßnahmen deutlich erhöht.[4] So führt beispielsweise die Lektüre über die bevorstehende ethnische Verschiebung von einer mehrheitlich weißen zu einer mehrheitlich nichtweißen Bevölkerung dazu, dass weiße Amerikaner eher geneigt sind, positive Diskriminierung abzulehnen, dass sie eher geneigt sind, Einwanderungsbeschränkungen zu befürworten, und dass sie – vielleicht überraschenderweise – eher geneigt sind, »ethnisch neutrale« konservative Maßnahmen wie eine Erhöhung der Verteidigungsausgaben für richtig zu halten. In einem 2018 erschienenen Übersichtsartikel fassen Maureen Craig, Julian Rucker und Jennifer Richeson diese Forschungen zusammen und schreiben:

> *Die zunehmende Zahl von Arbeiten liefert eindeutige Belege dafür, dass weiße Amerikaner (d.h. die derzeitige ethnische Mehrheit) den bevorstehenden Wandel zur »Minderheitenmehrheit« als Bedrohung ihres dominanten (sozialen, wirtschaftlichen, politischen und kulturellen) Status erleben.*[5]

Dieses Gefühl der Bedrohung kann von rechtsgerichteten Bewegungen politisch instrumentalisiert werden. Die zugrundeliegende Dialektik ist keineswegs auf die Vereinigten Staaten beschränkt, sondern vielmehr eine allgemeine psychologische Tatsache. Die Ausnutzung des Gefühls der Viktimisierung durch dominante Gruppen angesichts der Vorstellung, Bürgerrechte und Macht mit Minderheiten teilen zu müssen, stellt ein universelles Element der faschistischen Politik, wie wir sie derzeit auf der Welt beobachten, dar.

In der Geschichte haben sich immer wieder unterdrückte Gruppen angesichts von Diskriminierung zu Bewegungen zusammengeschlossen, die Stolz auf ihre gefährdeten Identitäten proklamieren. In Westeuropa entstand der jüdische Nationalismus der Zionisten als Reaktion auf den toxischen Antisemitismus, und in den Vereinigten Staaten entstand der schwarze Nationalismus als Reaktion auf den toxischen Rassismus. Ursprünglich waren diese Bewegungen Antworten auf Unterdrückung. In der Regel vollzieht sich der Kampf gegen den Kolonialismus unter dem Banner des Nationalismus. So nutzte Mahatma Gandhi beispielsweise die nationalistischen Bestrebungen in Indien als Mittel gegen die britische Herrschaft. Diese Art von Nationalismus, der aus Unterdrückung erwächst, ist nicht faschistisch. In ihrer ursprünglichen Ausprägung orientieren sich derartige Bewegungen am Ideal der Gleichheit.

Im Kolonialismus präsentiert sich die imperiale Nation typischerweise als Trägerin universeller Werte. So stellten beispielsweise die britischen Besatzer in Kenia das Christentum als allgemeines Ideal und die vielen lokalen Stammesreligionen als primitiv und unzivilisiert dar. Der Mau-Mau-Aufstand gegen Großbritannien war in Teilen eine Reaktion auf diese Form der Unterdrückung und wertete den traditionellen Kikuyu-Glauben auf – die Rebellen leisteten einen Eid auf Ngai, ihren Schöpfergott. Um den Kolonialismus zu bekämpfen, bediente sich die Revolte der Mau Mau nationalistischer religiöser Motive. Allerdings bestand das Ziel des Widerstands nicht darin, die Überlegenheit der Kikuyu-Religion gegenüber dem Christentum zu beweisen. Stattdessen ging es den Mau Mau darum, gegen die britische Dämonisierung ihrer Traditionen als Formen primitiver Wildheit und für deren Gleichberechtigung zu kämpfen. Dazu war es notwendig, diese zu überhöhen, sie als sakrosankt und besonders zu betrachten – nicht um den Wert der britischen Traditionen abzulehnen, sondern um die Forderung nach gleicher Achtung zu unterstreichen. Solch ein Nationalismus wendet sich somit keineswegs gegen die Egalität; vielmehr ist die Gleichheit, trotz des gegenteiligen Anscheins, dessen Absicht.

Ähnlich verhält es sich heute mit der »Black-Lives-Matter«-Bewegung in den Vereinigten Staaten. Ihre Gegner versuchen, die Parole als eine illiberale nationalistische Äußerung darzustellen, wonach nur schwarze Leben zählen. Doch ist sie schwerlich als Abwertung der Weißen gedacht; eher soll sie aufzeigen, dass deren Leben in den USA wichtiger eingestuft werden als diejenigen anderer Ethnien. Der Zweck des Mottos »schwarze Leben zählen« besteht darin, auf ein Versagen bei der Gleichbehandlung aufmerksam zu machen. Vor diesem Hintergrund heißt es eigentlich: »Auch schwarze Leben zählen.«

Im Kern des Faschismus steckt die Loyalität gegenüber dem Stamm, der ethnischen Identität, der Religion, der Tradition oder – mit einem Wort – der Nation. Doch im krassen Gegensatz zu einer Auslegung des Begriffs, die Gleichheit im Sinn hat, beinhaltet der faschistische Nationalismus eine Ablehnung des liberal-demokratischen Ideals; er steht rein im Dienste der Herrschaft mit dem Ziel, einen Platz an der Spitze einer Hierarchie von Macht und Status zu erlangen oder zu bewahren.

Der Unterschied zwischen einem durch Unterdrückung bedingten Nationalismus und einem solchen, der um der Herrschaftsausübung willen betrieben wird, tritt deutlich zutage, wenn man ihre jeweiligen Beziehungen zur Gleichheit betrachtet. Diese Differenz kann jedoch aus der Binnenperspektive heraus unsichtbar sein. Unabhängig davon, ob sich der Schmerz, der aus dem Verlust des privilegierten Status resultiert, mit dem Gefühl der Unterdrückung, das mit einer echten Ausgrenzung einhergeht, vergleichen lässt, so bleibt er dennoch ein Schmerz. Bin ich etwa in einem Land herangewachsen, in dem meine religiösen Feiertage zugleich die nationalen Feiertage waren, kann es sich wie eine Ausgrenzung anfühlen, wenn meine Kinder plötzlich in einem egalitäreren Land groß werden, in dem unsere religiösen Feiertage nur einige neben vielen anderen sind. Bin ich in einer Gesellschaft groß geworden, in der alle Charaktere in Kinofilmen und Fernsehsendungen so aussehen wie ich, kann ich es als Diskriminierung empfinden, wenn ich gelegentlich eine Hauptdarstellerin zu Augen bekomme, auf die dies nicht zutrifft. Ich hätte dann das Gefühl, dass meine Kultur nicht mehr »für mich« bestimmt ist. Bin ich damit herangewachsen, Männer als Helden und Frauen als passive Objekte der Verehrung zu betrachten, kann ich es als bedrohlich und als Beraubung eines angestammten Rechts wahrnehmen, wenn ich sie nun am Arbeitsplatz oder auf dem Schlachtfeld gleichwertig behandeln muss. Stets wird die Korrektur illegitimer Ungleichheiten für diejenigen schmerzhaft sein, die von ihnen profitiert haben. Manche sehen darin unweigerlich eine Gefahr.

In der faschistischen Propaganda findet der Schmerz, der mit dem Verlust der Vormachtstellung einhergeht, regelmäßig hymnische Darstellungen. Dieses durchaus reale Empfinden instrumentalisiert die faschistische Politik, um bei den Menschen das Gefühl zu entfachen, Opfer zu sein, und um vergangene, bestehende oder neue Formen der Unterdrückung zu rechtfertigen.

Wird einem weißen Mann aus der Arbeiterklasse, der aus strukturellen wirtschaftlichen Gründen arbeitslos geworden ist, gesagt:

»Check deine Privilegien!«,* so erhöht dies die Wahrscheinlichkeit, dass er die Programmatik der Vorherrschaft der Weißen als Ausdruck eines fairen Wettbewerbs wahrnimmt. Aus ernstgemeinten liberalen Appellen dieser Art macht sich die faschistische Politik einen großen Spaß. Die Beschäftigung mit struktureller Ungleichheit erfordert eine kollektive öffentliche Reflexion bezüglich der Evidenz, dass der auf ethnischer Zugehörigkeit und Geschlecht basierende Status weißer Männer – und in geringerem Maße auch weißer Frauen – ihnen einen Grad an Freiheit verschafft hat, der schwarzen Bürgern nie in vollem Umfang zur Verfügung stand. »Check deine Privilegien!« appelliert an Weiße, die abgeschottete soziale Realität, in der sie sich täglich bewegen, zur Kenntnis zu nehmen. Diese Phrase wird jedoch als Heuchelei der liberalen Eliten in den öffentlichen Raum zurückgeschleudert, weil die weiße nationalistische Propaganda im modernen Amerika keinen Rassismus gegen Schwarze erkennt, sehr wohl aber gegen Weiße.

Faschistische Politik kaschiert strukturelle Ungleichheit, indem sie versucht, die langfristigen Bemühungen zu deren Beseitigung umzukehren, zu verdrehen und zu unterlaufen. Ursprünglich waren Fördermaßnahmen zugunsten Benachteiligter dazu gedacht, die Schere zwischen ihnen und dem Rest der Gesellschaft zuerst anzuerkennen und dann zu schließen. Indem die Gegner derartiger Programme sie aber entgegen allen Belegen als vom individuellen Verdienst abgekoppelt zeichnen, stellen sie deren Befürworter so dar, als verfolgten sie einen ethnien- oder geschlechtsspezifischen »Nationalismus« zum Nachteil der hart arbeitenden weißen Amerikaner. Die Erfahrung des Verlusts einer einst unangefochtenen, fest verankerten Würde – nämlich die, weiß und nicht schwarz zu sein – ist anhand der Sprache der weißen Opferrolle leicht zu fassen.

---

* »Check your privilege!« ist in einer ungleichen Gesellschaft die Aufforderung, eigene Privilegien, wie Hautfarbe, Geschlecht oder Klassenzugehörigkeit, auch tatsächlich wahrzunehmen, und unter amerikanischen Progressiven ein geflügeltes Wort.

Die Bewegung der Männerrechtler in den Vereinigten Staaten während der 1990er-Jahre hat die Idee eines als Diskriminierung erlebten Verlustes von Privilegien auf die Spitze getrieben. In seinem 2013 veröffentlichten Buch *Angry White Men: Die USA und ihre zornigen Männer* schreibt Michael Kimmel, Professor für Soziologie an der Stony Brook University in New York:

> *Wenn die weißen Männer als Unterdrücker dargestellt werden, hat der durchschnittliche Weiße aus der Mittelschicht oft nicht das Gefühl, über so viel Macht zu verfügen. [...] Für die Männerrechtler sind die wirklichen Opfer der amerikanischen Gesellschaft die Männer, und deshalb bauen sie mit den Ängsten und dem Zorn der Männer auf den Feminismus als Grundlage Organisationen wie die Coalition for Free Men, den National Congress for Men, Men Achieving Liberation and Equality (MALE), und Men's Rights, Inc. auf. Diese Gruppen bekennen sich zur Gleichberechtigung und wollen angeblich dem Sexismus ein Ende setzen, weshalb sie sich gezwungen sehen, den Feminismus zu bekämpfen.*[6]

Kimmel konstatiert »ein seltsames Merkmal der neuen Legionen zorniger weißer Männer. Obwohl sie auf dieser Welt immer noch die größte Macht und Kontrolle haben, fühlen sie sich als Opfer.« Er bringt die Viktimisierung zudem mit der Aufrechterhaltung einer mythischen patriarchalen Vergangenheit in Verbindung:

> *Ihre Gedanken sind außerdem von einer seltsamen nostalgischen Sehnsucht nach einer vergangenen Welt geprägt, in der ein Mann nur durch harte Arbeit und Engagement einen Platz in der Elite der Nation erobern konnte. Leider hat es diese Welt nie gegeben. Die wirtschaftlichen Eliten haben es immer verstanden, sich zu reproduzieren, trotz der Ideale der Leistungsgesellschaft. Dennoch glaubten viele Männer an diese Welt. Sie ist der amerikanische Traum. Und wenn Männer scheitern, sind sie gedemütigt und wissen nicht, wohin mit ihrem Zorn.*[7]

Die Verherrlichung einer mythischen hierarchischen Vergangenheit führt zu unangemessenen Erwartungen. Bleiben sie unerfüllt, fühlt man sich als Opfer.[8]

Diejenigen, die sich faschistischer politischer Taktiken bedienen, nutzen diesen Zusammenhang bewusst aus, indem sie in der Mehrheitsbevölkerung ein Gefühl des gekränkten Opferseins hervorrufen, es auf eine Gruppe richten, die dafür nicht verantwortlich ist, und versprechen, die negativen Emotionen durch ihre Bestrafung zu lindern. In ihrem Buch *Down Girl: Die Logik der Misogynie* veranschaulicht Kate Manne dies, indem sie scharf zwischen Patriarchat und Misogynie unterscheidet: Ersteres sei die hierarchische Ideologie, die unangemessene Erwartungen an einen hohen Status hervorruft; Letzteres dagegen das, womit Frauen konfrontiert werden, wenn jene unerfüllt bleiben. Die Logik der faschistischen Politik findet in Mannes Logik der Misogynie ein anschauliches Vorbild.

Breitbart News ist ein einflussreiches rechtsextremes Medienunternehmen in den USA, das eine einwanderungsfeindliche Propaganda betreibt, in der Flüchtlinge als Bedrohung für die öffentliche Gesundheit, die Zivilisation sowie Recht und Ordnung dargestellt werden. In solchen Medien kommt deutlich zum Ausdruck, wie sich das Gefühl, Opfer herrschender Mehrheiten zu sein, zum Zwecke eines möglichen politischen Vorteils nutzen lässt. Breitbart hat Dutzende von Artikeln mit Schlagzeilen zum Thema somalischer Flüchtlinge in den Vereinigten Staaten veröffentlicht, darunter Titel wie »296 Fälle von aktiver Tuberkulose bei Flüchtlingen in Minnesota diagnostiziert, zehnmal mehr als in jedem anderen Bundesstaat; die Meisten sind Somalier« und »Somalier: Die ungebildetsten Flüchtlinge, die im Haushaltsjahr 2017 in den USA ankamen«. Breitbart war nur Teil einer ganzen Woge derartiger Propaganda in den USA zu dieser Zeit. In einem Video, das seit seiner Veröffentlichung im April 2015 mehr als 3,6 Millionen Klicks generiert hat, spricht Ann Corcoran, Mitglied bei der rechtsextremen Anti-Immigrantengruppe Refugee Resettlement Watch, von einem Plan zur

»Moslem-Kolonisierung« der Vereinigten Staaten, der von internationalen Organisationen wie den Vereinten Nationen, Bundesbehörden wie dem US-Außenministerium und »christlichen und jüdischen Gruppen, die beauftragt sind, sie im ganzen Land auszusäen«, unterstützt und begünstigt werde. Diese Kanäle verbreiten ein Gefühl von Paranoia angesichts einer »fünften Kolonne« innerhalb »liberaler« Kreise, die das Vokabular der Menschenrechte benutze, um die Traditionen der Nation zu unterwandern. Doch mit solchen Behauptungen untergraben sie nicht nur liberale Ideale, sondern suggerieren gleichzeitig, dass ihre Zielpersonen einer intensiven Überwachung oder Strafverfolgung unterzogen werden sollten, bloß weil die dominante Gruppe sich fürchtet.

***

Entscheidend für die Einschätzung der Opferrolle ist das Verständnis der Machtdynamik innerhalb einer Gesellschaft. Lässt man diese außer Acht, kann ein auf Gleichheit ausgerichteter Nationalismus schnell selbst diskriminierend werden. Einige problematische nationalistische Einstellungen haben ihren Ursprung in durchaus realen Erfahrungen von Repression. Zweifelsohne wurden Serben in der Vergangenheit unterdrückt und man muss nicht bis zur Kosovo-Schlacht des Jahres 1389 zurückgehen, aus der das Volk einen Großteil seines Zorns und seiner Identität schöpft, um sich dessen zu vergewissern; der Zweite Weltkrieg, als die Nazis sie massenhaft in Konzentrationslagern ermordeten, tut es auch. Die heutigen Serben stammen aus Familien, die sich auf eine lange Geschichte der Verfolgung berufen können – einen Umstand, den serbische Nationalisten ausschlachten konnten, um die Verfolgung schwächerer und marginalisierter muslimischer Bevölkerungsgruppen zu rechtfertigen.

Im Jahr 1986 veröffentlichte die serbische Akademie der Künste und Wissenschaften ein Memorandum, das allgemein als Grundlage für jenen toxischen Nationalismus gilt, der im ehemaligen Jugoslawien zu so viel Blutvergießen geführt hat. Das Dokument liefert einen praktischen Leitfaden für den Zusammenhang zwischen Opferrollen und unterdrückerischen nationalistischen Gefühlen. Damals forderten die Bewohner der Provinz Kosovo, bei denen es sich ethnisch mehrheitlich um Albaner handelt, eine größere Autonomie. Die Autoren des Memorandums beschreiben die Behandlung der dort ansässigen ethnischen Serben als einen »physischen, politischen, rechtlichen und kulturellen Völkermord an der serbischen Bevölkerung«. Sie erklären:

> *Keine andere Nation Jugoslawiens ist in ihrer kulturellen und geistigen Integrität so brutal mit Füßen getreten worden wie die serbische. Bei keiner anderen Nation ist das literarische und künstlerische Erbe derart geschändet und verheert worden wie bei der serbischen.*

Zudem sprechen sie von einer »konsequenten wirtschaftlichen Diskriminierung« Serbiens, einer unnachgiebigen »wirtschaftlichen Unterwerfung« und behaupten, dass die »rachsüchtige Politik gegen diese Republik im Laufe der Zeit nichts von ihrer Schärfe verloren hat. Ermutigt durch ihren eigenen Erfolg ist sie im Gegenteil immer stärker geworden, bis hin zum Völkermord.« Unter Beschwörung einer dramatisch überzeichneten Opferrolle ruft das Dokument dazu auf, die ethnischen Serben zu verteidigen und sich wieder auf die traditionelle Geschichte und Kultur zu besinnen.

Slobodan Milošević, der Präsident Serbiens von 1989 bis 1997, hielt am 28. Juni 1989 eine Rede vor einer großen Menschenmenge, die sich am Schauplatz der Schlacht auf dem Amselfeld versammelt hatte, um den 600. Jahrestag dieses Ereignisses zu feiern. Für die Niederlage seines Landes gegen die Osmanen und »das Schicksal, das Serbien sechs Jahrhunderte lang erlitten hat«, machte Milošević einen Mangel an Einheit verantwortlich, also ein Versagen des Nationalismus. In seiner Rede sagte er, dass das Fehlen eines serbischen Nationalstolzes im Laufe der Jahrhunderte zu »Demütigungen« und »Pein« geführt habe, die die Folgen der faschistischen

Schreckensherrschaft, unter der mehrere hunderttausend Serben getötet worden waren, weit übertreffen. Milošević zufolge bestand die einzige Möglichkeit, den jahrhundertelangen Schrecken zu beenden, darin, sich zur nationalen Einheit zu bekennen – mit anderen Worten, zu einem serbischen nationalistischen Programm. Das Opfernarrativ verhalf ihm zum politischen Sieg und rechtfertigte eine Reihe brutaler Kriege, unter anderem im Kosovo, nach deren Ende Milošević vom Internationalen Strafgerichtshof wegen Völkermordes und Verbrechen gegen die Menschlichkeit im Umgang mit der dortigen albanischen Bevölkerung angeklagt wurde. Es steht außer Frage, dass die Serben in der Vergangenheit seitens unterschiedlicher Mächte Unterdrückung erfahren mussten. Dass jedoch viele Gruppen, die Milošević später ins Visier nehmen sollte, dafür keine Verantwortung tragen, war unerheblich. Die jüngere Geschichte Serbiens unter demagogischen Nationalisten zeigt, wie ein Narrativ zurückliegender Unterdrückung im Rahmen faschistischer Politik zur militärischen Mobilisierung gegen Phantomfeinde genutzt werden kann.

Die Opferrolle ist ein allbeherrschendes Gefühl, das den Widerspruch zwischen gleichheitsorientierten und herrschaftsorientierten nationalistischen Bewegungen verdeckt. Sobald dominante Gruppierungen die Maske des Nationalismus der Unterdrückten oder der tatsächlichen Unterdrückung in der Vergangenheit zum Zwecke ihrer eigenen Hegemonie instrumentalisieren, untergraben sie damit das Ideal der Gleichheit. Wenn beispielsweise die israelische Rechte die unbestrittene Geschichte des jüdischen Leids nutzt, um die Vorherrschaft Israels über palästinensisches Land und Leben zu rechtfertigen, dann verlässt sie sich auf die Wahrnehmung der Opferrolle, um den Widerspruch zwischen einem Kampf um gleiche Achtung und einem Kampf um Vorherrschaft zu verschleiern. Unterdrückung ist ein mächtiges Handlungsmotiv. Entscheidend bleibt jedoch immer die Frage, wer sie wann in welchem Kontext und gegen wen ausübt.

***

Der Nationalismus ist der Wesenskern des Faschismus. Seine Anführer schlachten das Gefühl einer kollektiven Opferrolle aus, um eine Gruppenzugehörigkeit zu schaffen, die dem kosmopolitischen Ethos und dem Individualismus der liberalen Demokratie zuwiderläuft. Diese Identität kann auf unterschiedlichen Eigenschaften beruhen – auf der Hautfarbe, der Religion, der Tradition oder der ethnischen Herkunft. Sie wird jedoch immer einem vermeintlichen Anderen gegenübergestellt, gegen das die Nation definiert werden soll. Der faschistische Nationalismus erschafft ein gefährliches »Sie«, vor dem man sich in Acht nehmen, gegen das man zuweilen kämpfen und das man kontrollieren muss, um die Würde der Gruppe wiederherzustellen.

Am 12. Oktober 2017 hielt der ungarische Ministerpräsident Viktor Orbán eine Rede anlässlich der »Internationalen Beratung über die Verfolgung von Christen« in Budapest. Er begann, indem er deren »zweifellos ungerechte« Behandlung in Europa adressierte und diese als »diskriminierend« und »schmerzhaft« bezeichnete. Nachdem er die traditionelle Rolle Ungarns als Verteidiger des christlichen Europas gepriesen hatte, erklärte er, dass »es heute eine Tatsache ist, dass das Christentum die am stärksten verfolgte Religion der Welt ist«, was seiner Meinung nach »die Zukunft der europäischen Lebensweise und unserer Identität« bedrohe. In seinen Augen sei »die größte Gefahr, der wir derzeit ausgesetzt sind, das gleichgültige, apathische Schweigen eines Europas, das seine christlichen Wurzeln verleugnet«. Diese potenziell katastrophale Gleichgültigkeit gegenüber den christlichen Wurzeln des Kontinents finde ihren Ausdruck in der großzügigen europäischen Einwanderungspolitik:

Eine Gruppe führender europäischer Intellektueller und Politiker möchte in Europa eine gemischte Gesellschaft schaffen, die innerhalb nur weniger Generationen die kulturelle und ethnische Zusammen-

setzung unseres Kontinents – und damit auch seine christliche Identität – völlig verändern würde.

Diese Rede enthält alle Komponenten der Selbstwahrnehmung als Opfer, die faschistischer Politik zu eigen ist. Orbán schürt irrationale Ängste vor Einwanderern, indem er Ungarns mythische Vergangenheit als angebliches Bollwerk des Christentums anführt – nicht zuletzt, um sich als kriegerischen Anführer zu präsentieren, der hinreichend mutig ist, Europa zu verteidigen. Dieses sehe sich von den liberalen Eliten (den »Intellektuellen und Politkern«) bedroht, die es zulassen, dass »die am stärksten verfolgte Religion der Welt« von innen heraus durch eine Flut von Immigranten untergraben werde. In seinen Augen handelt es sich bei den Menschen, die vor grausamen Kriegen im Ausland fliehen, um eine mächtige Invasionsmacht, die versucht, eine »fünfte Kolonne« innerhalb der Mauern des christlichen Europas zu errichten. Orbán fordert seine Zuhörer auf, »Menschenrechte« und andere veraltete Konzepte abzulehnen (wobei er freilich deren Wurzeln im Christentum ignoriert) und sich als Opfer von Verfolgung hinter ihn zu stellen, wenn er Ungarn zu seiner glorreichen Vergangenheit als dessen mythischer Verteidiger gegen die barbarischen, gesetzlosen Horden zurückführt.

7 Recht und Ordnung

Im Jahr 1989 wurden fünf schwarze Teenager – die »Central Park Five« – wegen der Gruppenvergewaltigung einer weißen Joggerin im New Yorker Central Park verhaftet. Die Presse war voll von geifernden Berichten über »verwilderte« und gesetzlose junge Afroamerikaner, die randalierten und weiße Frauen sexuell missbrauchten. Donald Trump schaltete damals in mehreren New Yorker Zeitungen ganzseitige Anzeigen, in denen er die Teenager als »durchgedrehte Außenseiter« bezeichnete und ihre Hinrichtung forderte. Im Anschluss stellte sich nicht nur heraus, dass die »Central Park Five« unschuldig waren, sondern auch, dass viele der an ihrer Verfolgung Beteiligten davon gewusst hatten. Jahre später wurden die Jugendlichen vollständig rehabilitiert und erhielten von der Stadt New York eine finanzielle Entschädigung.

Im November 2016 lobte der damalige US-Justizminister, Jeff Sessions, die Äußerungen seines Präsidenten Donald Trump über die »Fünf« als Beweis seines Engagements für »Recht und Ordnung«. Diese Aussage lässt auf ein erstaunliches Verständnis des Begriffspaares schließen, nicht nur, weil die Teenager tatsächlich völlig unschuldig waren, sondern auch, weil Trumps Worte keinen Raum für ein ordentliches Verfahren in der Angelegenheit gelassen hatten. In einem liberalen demokratischen Staat sind die Normen von Recht und Ordnung fundamental fair. Sessions' Kommentar scheint sich stattdessen auf ein System von Gesetzen zu beziehen, das junge schwarze Männer allein schon aufgrund ihrer Existenz zu einem Verstoß gegen Recht und Ordnung erklärt.

***

Ein intakter demokratischer Staat zeichnet sich durch Gesetze aus, die alle Bürger gleich und gerecht behandeln, und wird getragen von gegenseitigem Respekt zwischen allen Menschen, einschließlich der Polizei. Die faschistische Rhetorik von Recht und Ordnung zielt dagegen ausdrücklich darauf ab, die Bevölkerung in zwei Klassen zu unterteilen: diejenigen, die der auserwählten Nation zugehören und deshalb von Natur aus gesetzestreu sind, und diejenigen, die ihr nicht zugehören und deshalb von Natur aus gesetzlos sind. Für den Faschisten läuft die bloße Existenz von Frauen, die nicht den traditionellen Geschlechterrollen entsprechen, Nichtweißen, Homosexuellen, Einwanderern, »dekadenten Kosmopoliten« sowie Gläubigen, die nicht der vorherrschenden Religion anhängen, Recht und Ordnung zuwider. Indem sie schwarze Amerikaner als Gefahr darstellen, ist es Demagogen in den USA gelungen, ein starkes Gefühl weißer nationaler Identität zu schaffen, das den Schutz vor der »Bedrohung« durch Nichtweiße erfordert. Eine ähnliche Taktik kommt mittlerweile überall auf der Welt zur Anwendung, um auf Angst basierende Freund-Feind-Unterscheidungen zu treffen, die die Bevölkerungen gegen Einwanderer einschwören sollen.

***

Die Geschichte des Nationalsozialismus ist ein Lehrbuchbeispiel für die faschistische nationale Identitätsbildung in der Politik. Zu Beginn der 1880er-Jahre entwickelte sich in Österreich und Deutschland eine Version des ethnischen Nationalismus, aus der später die die NSDAP hervorgehen sollte. Die völkische Bewegung gründete auf einer romantisierten Vorstellung von der ethnischen Reinheit des deutschen Volkes. In ihrem Denken war der Antisemitismus Teil von dessen Definition; das Volk wurde durch den Gegensatz zu seinem Feind, den Juden, bestimmt. Die Nationalsozialisten bedienten sich ebenfalls des wohl gängigsten Mittels, um Angst vor einer Minderheitengruppe zu schüren – sie als Bedrohung für Recht und Ordnung zu zeichnen.

Im Frühjahr 1936 war meine Großmutter Ilse Stanley gerade von einer Theatertournee zurückgekehrt, die sie fast den ganzen Winter über nicht nach Berlin hatte kommen lassen, und fand eine Stadt vor, in der »mehr und mehr Freunde fehlten«. Kurz nach ihrer Ankunft kam ein Cousin zu ihr nach Hause. Die Gestapo, so erzählte er ihr, hatte ihren Mann in ein Konzentrationslager verschleppt. In ihren Memoiren *Die Unvergessenen* aus dem Jahr 1957 beschreibt meine Großmutter, wie sie ihren Cousin nach den Gründen für seine Verhaftung fragte. Die Antwort:

> *Weil er ein aktenkundiger Krimineller war. Vor Gericht hatte er zwei Bußgelder bezahlt: eines für eine Geschwindigkeitsüberschreitung und eines für ein anderes Verkehrsdelikt. Es hieß, sie wollten endlich das tun, was das Gericht all die Jahre versäumt hatte: alle Juden mit Vorstrafen loswerden. Ein Verkehrsdelikt – eine Vorbestrafung!*[1]

Die erste Hälfte des Buches meiner Großmutter ist eine gründliche Abrechnung mit den Jahren nach Hitlers Machtergreifung. Darin dokumentiert sie, wie schwierig es war, die deutsche jüdische Gemeinschaft von der Gefahr zu überzeugen, in der sie schwebte. Sie kannte diese aus eigener Erfahrung, da sie zuvor, als Nazi-Sozialarbeiterin getarnt, Häftlinge aus dem Konzentrationslager Sachsenhausen gerettet hatte. Durch ihre Erlebnisse war sie sich – im Gegensatz zu vielen ihrer jüdischen Mitbürger – des Grauens, das sich dort abspielte und das, ähnlich wie in den Flüchtlings- und Einwanderergefängnissen der USA, der Allgemeinheit vorenthalten wurde, in seinem vollen Umfang bewusst. Wiederholt schreibt sie über ihre Schwierigkeiten, Freunde und Familienmitglieder zum Verlassen des Landes zu bewegen. Schließlich betrachteten sich die meisten deutschen Juden nicht als Kriminelle.

Im Februar 2016 organisierte die rechtsextreme Schweizerische Volkspartei (SVP) ein Referendum, das die Ausweisung von »Immigranten« vorsah – und zwar auch von in der Schweiz geborenen Personen der zweiten oder dritten Generation –, wenn man ihnen nur ein paar Strafzettel wegen Falschparkens vorwerfen konnte. Ein Erfolg der Abstimmung schien bereits ausgemacht. Unter anderem dank der Bemühungen der Operation Libero, einer studentischen Gruppe, die sich gegen die Abschiebung »krimineller Einwanderer« einsetzte, wurde das Referendum letztlich doch abgelehnt.

In den Vereinigten Staaten gewann Donald Trump mit der Forderung nach der Ausweisung »krimineller Ausländer« die Präsidentschaft. Über seine gesamte Amtszeit hinweg nahm er Immigranten ins Visier. Regelmäßig schüren er und seine Anhänger Angst vor Einwanderern, indem sie diese mit Straftaten in Verbindung bringen. Immer wieder werden wir mit dem Schreckgespenst der »kriminellen Ausländer« konfrontiert – und zwar nicht nur in Äußerungen, sondern auch in offiziellen Dokumenten wie der damaligen Ankündigung eines neuen Büros im Heimatschutzministerium, das speziell Opfern der Verbrechen von Immigranten helfen sollte.

Das Wort »Krimineller« hat neben seiner wörtlichen auch eine mitschwingende Bedeutung: Menschen, die die Normen der Gesellschaft von Natur aus nicht respektieren und von Eigennutz oder Bösartigkeit dazu getrieben sind, gegen das Gesetz zu verstoßen. Üblicherweise verwenden wir den Begriff nicht für diejenigen, die dies versehentlich getan haben oder die in einer verzweifelten Situation dazu gezwungen waren: Jemand, der läuft, um einen Bus zu erwischen, ist deshalb noch kein Läufer; jemand, der eine kriminelle Handlung tätigt, ist deswegen noch kein Krimineller. Das Wort weist einer Person eine bestimmte Art von Charakter zu.

Psychologen haben sich mit einer Verhaltensweise befasst, die sie als »Sprachverzerrungen im Intergruppenkontext« bezeichnen. Die Forschung zeigt, dass wir die Handlungen derjenigen, die wir als zu »uns« gehörig betrachten, tendenziell anders beschreiben als die Handlungen derjenigen, die wir zu »denen« zählen.

Wenn eine Person aus unserer Gruppe etwas Schlechtes tut – zum Beispiel einen Schokoriegel klauen –, dann neigen wir dazu, die Handlung ganz konkret zu schildern. Mit anderen Worten:

Wenn mein Freund Daniel einen Schokoriegel gestohlen hat, werde ich seine Tat eher als »einen Schokoriegel stehlen« beschreiben. Tut hingegen einer von »denen« dasselbe, so neigen wir dazu, die Handlung eher abstrakt zu schildern, indem wir der fraglichen Person schlechte Charaktereigenschaften attestieren. Hat Jerome – einer von »denen« – einen Schokoriegel gestohlen, wird er daher viel eher als Dieb oder Krimineller verschrien. Sieht ein weißer Amerikaner einen anderen weißen Amerikaner, dazu noch gut gekleidet, wie er in Handschellen auf dem Rücksitz eines Polizeiautos sitzt, fragt er sich vielleicht, wie es wohl zu dieser Verhaftung gekommen ist; sieht ein weißer Amerikaner dagegen einen schwarzen Amerikaner in Handschellen auf dem Rücksitz eines Polizeiautos sitzen, fragt er sich eher, wie die Polizei »diesen Kriminellen« erwischt hat.

Parallel verhält es sich im umgekehrten Fall: Wenn einer von »uns« eine gute Tat vollbringt, sind wir geneigt, die Handlung mit positiven Charaktereigenschaften der betreffenden Person zu erklären. Dass Daniel einem Kind einen Schokoriegel schenkt, wird als Beispiel für »Daniels Großzügigkeit« herangezogen; dass Jerome einem Kind einen Schokoriegel schenkt, stattdessen ganz konkret beschrieben: »Der Typ hat dem Jungen gerade einen Schokoriegel gegeben.«

Die Forschung zu Sprachverzerrungen im Intergruppenkontext zeigt außerdem, dass Zuhörer aus der Art und Weise, wie die Handlungen eines Dritten geschildert werden – abstrakt oder konkret –, schließen können, ob er zu »uns« oder zu »denen« gehört. Beispielsweise ziehen Probanden rein aufgrund der Formulierung Rückschlüsse auf Ähnlichkeiten oder Unterschiede in der Partei- und Religionszugehörigkeit zwischen der Person, die eine Beschreibung abgibt, und der Person, die beschrieben wird.[2] Jemanden als »Kriminellen« zu bezeichnen, versieht diesen Menschen mit einer abschreckenden und permanenten Charaktereigenschaft und verortet ihn gleichzeitig außerhalb »unseres« Kreises. *Sie* sind Kriminelle. *Wir* begehen Fehler.

Politiker, die ganze Gruppen als »Kriminelle« abstempeln, unterstellen ihnen inhärente Wesenszüge, die der Mehrheitsbevölkerung Angst machen, während sie sich selbst als deren Beschützer aufspielen können. Ein solcher Sprachgebrauch untergräbt den demokratischen Prozess vernünftiger Entscheidungsfindung und ersetzt ihn durch Furcht. Ein weiteres markantes Beispiel im Kontext der Vereinigten Staaten ist die Verwendung des Begriffs »Krawall« zur Beschreibung politischer Proteste. In den 1960ern kam es im Rahmen der Bürgerrechtsbewegung in den Städten zu politischen Protesten der Schwarzen gegen die Brutalität der Polizei (am bekanntesten im Stadtteil Watts in Los Angeles und im Bezirk Harlem in Manhattan). In den Medien wurden die Proteste regelmäßig als »Krawalle« bezeichnet. James Baldwin schrieb damals über diese Darstellung:

> *Wenn Weiße sich gegen ihre Unterdrückung erheben, sind sie Helden; wenn Schwarze sich erheben, dann fallen sie in ihre ursprüngliche Wildheit zurück. Der Aufstand im Warschauer Ghetto wurde weder als Krawall bezeichnet, noch wurden die Teilnehmer als Ganoven verunglimpft: Die Jungen und Mädchen in Watts und Harlem sind sich dessen durchaus bewusst.*[3]

Derartige Falschdarstellungen ermöglichten es Richard Nixon, 1968 mit »Recht und Ordnung« auf der Agenda ins Amt zu gelangen. Gemeinhin wird seine Regierung als Wegbereiter für die spätere massenweise Inhaftierung von Afroamerikanern angesehen.

Im Jahr 2015 kam es in Baltimore nach der Tötung von Freddie Gray durch die Polizei zu ausgedehnten Demonstrationen überwiegend schwarzer Bürger gegen Polizeigewalt. In einem Artikel für *Linguistic Pulse* vom April 2015 vergleicht Nic Subtirelu die Häufigkeit der Begriffe »Protest« und »Krawall« in den verschiedenen US-Medien zur Beschreibung dieser Veranstaltungen. Dabei stellt er fest, dass Fox News, ein Nachrichtensender am rechten äußeren Rand, in seiner Berichterstattung über die Unruhen in Baltimore

»Krawall« mehr als doppelt so oft verwendete wie »Protest«. CNN hingegen gebrauchte »Krawall« nur geringfügig häufiger als »Protest«, bei MSNBC war es umgekehrt.[4] Die fälschliche Darstellung politischer Proteste als Krawalle war auch ein Faktor in Donald Trumps Wahlkampf, der stark an die Kampagne Nixons erinnerte. Allerdings fand diese während einer Periode zunehmender Gewaltkriminalität statt; Trump führte seinen erfolgreichen »Recht-und-Ordnung«-Wahlkampf hingegen zu einer Zeit, in der die Gewaltverbrechensrate so niedrig war wie noch nie zuvor in der Geschichte der Vereinigten Staaten.

***

Ein Diskurs, in dem Begriffe wie »Kriminelle« sowohl für diejenigen verwendet werden, die zum Spaß mehrere Morde verüben, als auch für diejenigen, die Verkehrsverstöße begehen – oder »Krawalle«, um politische Proteste zu beschreiben –, verändert die Denkweise und beeinflusst die Politik. Ein gutes Beispiel dafür, was passieren kann, wenn eine Sprache, die eine ganze Gruppe von Menschen kriminalisiert, die Debatte verzerrt und zu unverhältnismäßigen Ergebnissen führt, ist die massenhafte Inhaftierung von Bürgern afrikanischer Abstammung.

Im Jahr 1980 befand sich rund eine halbe Million Amerikaner im Gefängnis oder in einer Haftanstalt, 2023 waren es knapp 1,8 Millionen. Von der explosionsartigen Zunahme der Inhaftierungen sind unverhältnismäßig viele Nachkommen früherer Sklaven betroffen: Weiße machen 59 Prozent der US-Bevölkerung aus, Schwarze etwa 13,5 Prozent – gleichwohl sitzen mehr schwarze Amerikaner hinter Gittern als weiße. In der Geschichte gab es kaum eine andere Zeit, in der eine einzelne Gruppe derart stark unter den Gefängnisinsassen weltweit repräsentiert war. Obwohl ihr Anteil an der US-Bevölkerung nur 13,5 Prozent beträgt, sind knapp 5 Prozent der global Inhaftierten schwarze Amerikaner.

Wäre das Justizsystem in den Vereinigten Staaten wirklich gerecht und die insgesamt 45 Millionen Afroamerikaner ähnlich straffällig wie jede andere durchschnittliche ethnische Gruppe um den Globus (zum Beispiel die 61 Millionen Italiener oder die 45 Millionen Hindu-Gujarati), so würde man erwarten, dass sie auch etwa 5 Prozent der für 2023 geschätzten Weltbevölkerung von 8 Milliarden Menschen ausmachen. Dann gäbe es aber um die 400 Millionen von ihnen. Geht man davon aus, dass schwarze Amerikaner so wie alle anderen sind, müsste ihr Land das drittbevölkerungsreichste der Erde sein – größer als die gesamten Vereinigten Staaten. Natürlich kann man angesichts dieser Tatsachen weiterhin der Meinung sein, dass die Inhaftierungspraxis in den USA farbenblind ist. Wer das jedoch tut, muss auch glauben, dass schwarze Amerikaner zu den gefährlichsten Gruppen in der mehrtausendjährigen Geschichte der menschlichen Zivilisation gehören.

In den Vereinigten Staaten war der steile Anstieg der Gefängnisaufenthalte von einem Rückgang der Kriminalität begleitet. In einem 2017 veröffentlichten Aufsatz mit dem Titel »The Impacts of Incarceration on Crime« stellt der Verfasser David Roodman fest, dass der »Anstieg der Inhaftierungen um 59 Prozent pro Kopf zwischen 1990 und 2010 mit einem Rückgang der vom FBI erfassten ›Index Crimes‹ um 42 Prozent einherging«.[5] Und dennoch, wie der Autor treffend anmerkt, »sind sich die Forscher einig, dass die Inhaftierung von mehr Menschen allenfalls einen bescheidenen Beitrag zum Rückgang der Kriminalität geleistet hat«. Ein ähnliches Muster wie in den Vereinigten Staaten lässt sich in Kanada beobachten, wo die Zahl der Delikte seit den 1990er-Jahren stark rückläufig ist. Allerdings hat die Inhaftierungsrate dort im Gegensatz zu den USA, wo zur gleichen Zeit ein regelrechtes Experiment begann, mehr Leute denn je ins Gefängnis zu stecken, nicht angezogen. Wenn es also eine Herleitung für den allgemeinen Rückgang der Kriminalität in Nordamerika seit 1990 gibt, die den vergleichbaren Verlauf in den Vereinigten Staaten und Kanada erklärt, dann ist es nicht etwa die steigende Zahl der Inhaftierungen.

Der Hauptgrund dafür, dass zahlreiche Forscher an einem Zusammenhang zwischen Inhaftierungs- und Kriminalitätsrate zweifeln, findet sich in den Studien, denen zufolge Gefängnisstrafen selbst wesentlich zu einem Anstieg der begangenen Straftaten beitragen. So haben ehemalige Insassen sehr viel größere Schwierigkeiten, einen Arbeitsplatz zu finden; und wie wir später sehen werden, fällt dieser Effekt bei schwarzen Amerikanern noch stärker aus. Zuvor inhaftierte Bürger beteiligen sich zudem in drastisch geringerem Maße am öffentlichen Leben und gehen der Zivilgesellschaft faktisch verloren.[6] Ein Gefängnisaufenthalt wirkt sich überdies negativ auf die Familien der Betroffenen aus und erhöht die Wahrscheinlichkeit einer weiteren Inhaftierung. Afroamerikaner haben im Vergleich zu weißen bei identischen Tatbeständen ein höheres Risiko, hinter Gitter zu müssen, wie zum Beispiel die sehr unterschiedlichen Quoten bei Drogendelikten zeigen. Studien deuten ferner darauf hin, dass die Inhaftierung selbst zu Kriminalität führt – Roodman resümiert diesen Effekt als »mehr Zeit im Gefängnis, mehr Kriminalität nach dem Gefängnis«.

Die wichtigere Frage lautet jedoch, warum harte Bestrafung als angemessene Reaktion auf ungünstige soziale Bedingungen unter schwarzen Amerikanern empfunden wird. Weist eine Gemeinschaft eine besonders hohe Kriminalitätsrate auf, so liegt eindeutig ein soziales Problem vor, das Einfühlungsvermögen und Verständnis erfordert. Außerdem deutet sie auf einen dringenden Bedarf an Maßnahmen hin, welche die zugrundeliegenden strukturellen Ursachen angehen. Deshalb sollte man sich eher fragen: Was ist der Grund für den weit verbreiteten Mangel an Empathie für diese Bevölkerungsgruppe?

Lassen Sie uns einen Moment innehalten und das Maß an Empathie betrachten, das im Spiel ist, wenn die US-Medien über die aktuelle »Opiat-Krise« berichten. Weder schiebt man bösartigen und bedrohlichen Drogenkartellen die Schuld zu, noch bezeichnet man die Süchtigen als Kriminelle. Wenn überhaupt, dann sprechen Medien, Politiker, Kommentatoren, die medizinische Gemeinschaft und sogar Trump zu seiner Amtszeit den steilen Anstieg der Opiatabhängigen und -toten in den USA zwar als Krise an, aber eher als eine Epidemie im Rahmen der Volksgesundheit und nicht als ein Problem, das unmittelbar mit Recht und Ordnung zu tun hat. Die Opiat-Krise wird nämlich nicht mit afroamerikanischen Bürgern in Verbindung gebracht, sondern vielmehr mit Trumps Basis, den weißen Landbewohnern und entlassenen Industriearbeitern. Kurz gesagt versucht der öffentliche Diskurs in den Vereinigten Staaten auf engagierte Weise, das komplizierte Phänomen der Opiatabhängigkeit zu verstehen; und die staatlichen Initiativen konzentrieren sich auf Prävention und Behandlung. Wäre man nur ähnlich mit schwarzen Bürgern umgegangen, als sie noch mit Drogenproblemen assoziiert wurden. Der Sucht von Bürgern aller Ethnien, Klassen und Gruppierungen ist mit Empathie, Mitgefühl und den liberalen Werten der geteilten Menschenwürde und Gleichheit zu begegnen.

Im Jahr 1896 veröffentlichte Frederick L. Hoffman das Buch *Race Traits and Tendencies of the American Negro* (»Rasseneigenschaften und Tendenzen des amerikanischen Negers«), das der Historiker Khalil Gibran Muhammad als »die wohl einflussreichste Studie zu Ethnie und Kriminalität in der ersten Hälfte des 20. Jahrhunderts« bezeichnet. Darin wird die These vertreten, schwarze Amerikaner seien besonders gewalttätig, faul und anfällig für Krankheiten. Genau 100 Jahre später veröffentlichten William J. Bennett, John J. Dilulio Junior und John P. Walters *Body Count: Moral Poverty and How to Win America's War Against Crime and Drugs* (»Todeszahl: Moralische Armut und wie Amerikas Krieg gegen Verbrechen und Drogen zu gewinnen ist«). Ihre Kernaussage lautet, dass die USA einer außergewöhnlichen Bedrohung durch eine neue Generation junger Männer, überwiegend schwarz, gegenüberstehen, die in besonderem Maße zu grausamen, gewalttätigen Straftaten neigen und nicht in der Lage seien, ehrliche Arbeit zu verrichten; diese bezeichnen sie als »Spitzenräuber«. Die Autoren warnen vor ihrem Beitrag zu einer unmittelbar bevorstehenden Welle der Jugendgewalt (die natürlich nicht eingetreten ist; die Rate an Gewaltverbrechen sank in den folgenden Jahren eher, anstatt drastisch anzusteigen). Diese zwei Werke stehen am Ende eines Jahrhunderts der Pseudowissenschaft, die im amerikanischen Bewusstsein eine Verbindung zwischen Kriminalität und den Nachfahren der versklavten Afrikaner herstellt. Trotz des hundertjährigen Abstands sind sich die Texte erstaunlich ähnlich: Beide greifen zur nüchternen Sprache der Statistik, um moralische Panik vor einer kommenden Welle rassistisch motivierter Gewalt zu erzeugen. (Im Gegensatz zu *Race Traits* begründet *Body Count* seine falschen Vorhersagen mit Behauptungen über die »moralische Verkommenheit« der »innerstädtischen Kultur« und nicht mit der Genetik.)

Schon immer mussten sich schwarze Amerikaner gegen den pseudowissenschaftlichen Versuch wehren, »das Verbrechen in die Ethnie einzubetten«. In seinem Essay »The Study of the Negro Problems« aus dem Jahr 1898 beklagte W. E. B. Du Bois die

> *zahllosen Pauschalurteile einflussreicher und gelehrter Männer über die amerikanischen Schwarzen angesichts der Tatsache, dass es bis heute kein hinreichend zuverlässiges Material gibt, aus dem ein Wissenschaftler eindeutige und endgültige Schlussfolgerungen über die gegenwärtigen Lebensbedingungen und Entwicklungstendenzen der acht Millionen amerikanischen Neger ziehen könnte. Jede Person oder Publikation, die vorgibt, solche Schlussfolgerungen ziehen zu können, gibt lediglich Erklärungen ab, die über die hinreichend belegten Fakten hinausgehen.*[7]

Du Bois betont hier die große Kluft zwischen einerseits dem, was Sozialwissenschaftler wissen, und einer wirklich umfassenden Informiertheit andererseits – einer Kluft, die dem anheimfällt, was der schottische Philosoph Alasdair MacIntyre »manipulative Expertise« nannte. Du Bois' Worte sind auch heute noch gültig.

Um ein besonders wichtiges Beispiel für manipulative Expertise, das gleichermaßen beunruhigend wie aufschlussreich ist, handelt es sich bei der bereits erwähnten »Spitzenräuber«-Theorie, die, zumindest in ihrer aktuellen Version, von einem Mitautor von *Body Count*, John J. DiIulio Junior (damals Professor für Politikwissenschaft in Princeton), in einem erfolgreichen Versuch entwickelt wurde, die Straftaten Jugendlicher gleich denen Erwachsener zu ahnden und sie dafür ins Gefängnis zu stecken. Sie postuliert die Existenz einer Gruppe von Individuen mit inhärent gewalttätigem Charakter, die »ohne Reue töten, vergewaltigen, verstümmeln und stehlen« und für die eine Resozialisierung nicht in Frage komme. In *Body Count* sowie in anderen Veröffentlichungen sagte DiIulio einen starken Anstieg von Gewaltverbrechen in den USA zwischen 1995 und 2000 voraus, der auf den (unerklärlichen) Ansturm von »Spitzenräubern« auf die Gesellschaft zurückzuführen sei. Seine Vorhersage wurde als glaubwürdig angesehen, obgleich die Zahl der Delikte Anfang der 1990er-Jahre zu sinken begann und von 1995 bis 2000 weiter zurückging. DiIulio gab sich viel sicherer, als es die Faktenlage zuließ. Der Verdacht liegt nahe, dass wir es hier mit einer hintergründigen Ideologie zu tun haben, die eine Verbindung zwischen Ethnie und Kriminalität herstellt und damit die Diskrepanz zwischen den vorliegenden Daten und den Interpretationen der Sozialwissenschaftler überbrückt.

Die Theorie hatte einen erheblichen Einfluss auf den öffentlichen Diskurs. Bei den Wahlen 1996 wetteiferten die US-Präsidentschaftskandidaten Bill Clinton und Bob Dole darum, wer wohl härter gegen diese »Spitzenräuber« vorgehen würde. Auch wenn ihre Auswirkungen schwerlich zu quantifizieren sind, scheint es klar zu sein, dass die Theorie in hohem Maße zur Verabschiedung drakonischer und verfassungsrechtlich bedenklicher Maßnahmen beigetragen hat, denen zufolge Jugendliche wie Erwachsene bestraft werden sollen. Die asymmetrische rassistische Anwendung dieser Gesetze ist gut dokumentiert; ein Bericht des Sentencing Project aus dem Jahr 2012 offenbart beispielsweise, dass von 1579 Befragten, die lebenslange Haftstrafen ohne Bewährung für Verbrechen absitzen mussten, die sie als Teenager begangen hatten,

940 Afroamerikaner waren. Die »Spitzenräuber-Theorie« hat zu einer Kultur beigetragen, die schwarze Jugendliche als wesentlich strafwürdiger darstellt als weiße.

Eine demagogische Sprache wirkt sich nicht allein auf den öffentlichen Diskurs aus. Sie hat nachweislich auch tiefgreifende Auswirkungen auf das Urteilsvermögen und die Wahrnehmung der Bevölkerung: Ein Krimineller sei demzufolge jemand, der charakterliche Mängel aufweist und dem die Gesellschaft aufgrund seiner von vorneherein schlechten Natur nicht helfen könne. Jennifer Eberhardts Publikationen auf dem Gebiet der Sozialpsychologie haben dazu beigetragen, die Auswirkungen von 150 Jahren rassistischer Propaganda, die schwarze Amerikaner mit hoffnungsloser Kriminalität assoziiert, zu dokumentieren. Gemeinsam mit ihren Co-Autorinnen Aneeta Rattan, Cynthia Levine und Carol Dweck legte Eberhardt in einer Studie aus dem Jahr 2012 weißen Probanden Informationen über einen tatsächlichen Fall am Obersten Gerichtshof vor, bei dem die Verfassungsmäßigkeit einer lebenslänglichen Haftstrafe ohne Bewährung für Jugendliche verhandelt wurde.[8] Man gab den Teilnehmern folgendes Fallbeispiel: »ein 14-jähriger männlicher Straftäter mit 17 Vorstrafen, der eine ältere Frau brutal vergewaltigt hat«. Manchen Teilnehmern wurde der Teenager als schwarz, anderen als weiß beschrieben. Nachdem die Probanden diese Informationen erhalten hatten, fragte man sie: »Inwieweit befürworten Sie lebenslange Haftstrafen ohne die Möglichkeit einer Bewährung für Jugendliche bei einer Verurteilung wegen schwerer Gewaltverbrechen (ohne Todesfolge)?« Ihre Antworten sollten sie auf einer Skala von 1 (»unbedingt«) bis 6 (»überhaupt nicht«) einordnen. Diejenigen, denen der 14-Jährige als schwarz beschrieben worden war, befürworteten mit signifikant höherer Wahrscheinlichkeit lebenslange Haftstrafen ohne die Möglichkeit einer Bewährung für Jugendliche.

In einer Arbeit aus dem Jahr 2014 mit dem Titel »Racial Disparities in Incarceration Increase Acceptance of Punitive Policies« (»Ethnische Diskrepanzen bei Inhaftierungen erhöhen die Akzeptanz von Strafmaßnahmen«) ließen Eberhardt und ihre Ko-Autorin Rebecca Hetey eine weiße Versuchsleiterin ebenfalls weißen kalifornischen Wählern das drakonische »Three-Strikes«-Gesetz in ihrem Bundesstaat sowie eine Petition zu dessen Änderung vorlegen.[9] Gemäß dieser 1994 verabschiedeten Regelung wird eine Person, die bereits zwei schwere Straftaten begangen hat, unabhängig davon, wie lange sie zurückliegen, bei einem dritten »Strike« selbst für ein so geringfügiges Delikt wie den Diebstahl von »einem Dollar Kleingeld aus einem geparkten Auto« zu einer Haftstrafe von 25 Jahren bis lebenslänglich verurteilt. Die vorgeschlagene Änderung soll das Gesetz dahingehend modifizieren, dass das dritte Vergehen ein Gewaltverbrechen sein muss.

Bevor die Versuchsleiterin den Probanden die Petition vorlegte, zeigte sie ihnen eine von zwei Varianten eines 40 Sekunden langen Videos mit 80 Fahndungsfotos von Häftlingen, sowohl schwarze als auch weiße. In einer Version waren 45 Prozent der Gesichter schwarz, in der anderen nur 25 Prozent. Für die »weniger schwarze Variante« unterzeichneten 51 Prozent der Probanden die Petition; nur 27 Prozent unterzeichneten sie im Falle der »eher schwarzen Variante«. Eberhardts Forschungsarbeit ist die jüngste in einer ganzen Reihe von Untersuchungen, die zeigen, dass die massenhafte Inhaftierung von Amerikanern afrikanischer Abstammung auf rassistische Propaganda zurückgeht, die bis in die Zeit der Sklaverei zurückreicht und Angehörige dieser Gruppe als hoffnungslos kriminell zeichnet. Das Ergebnis ist eine massive Überrepräsentation in den amerikanischen Gefängnissen, mittlerweile auf historischem Niveau. Selbstredend beschränkt sich die faschistische Propaganda nicht darauf, bestimmte Minderheiten bloß als Kriminelle darzustellen. Um eine ordentliche moralische Panik zu kultivieren, werden ihre Angehörigen auf unterschiedliche Weisen als Gefahr für die Gesellschaft charakterisiert – am wichtigsten und typischsten: für ihre Reinheit. Folglich hebt die faschistische Politik auch eine bestimmte Art von Verbrechen besonders hervor, indem sie der anvisierten Gruppe unterstellt, die Frauen der auserwählten

Nation zu vergewaltigen und damit ihr »Blut« zu verschmutzen. Zudem torpediert die Bedrohung, die von massenhaften Sexualverbrechen ausgeht, die patriarchalen Normen. Vergewaltigungen sind für die faschistische Politik von grundlegender Bedeutung, weil sie sexuelle Ängste auslösen und damit einhergehend die Notwendigkeit, die »Männlichkeit der Nation« durch faschistische Autorität zu schützen.

8 Sexuelle Ängste

Wo der Demagoge der Vater der Nation ist, untergräbt jegliche Bedrohung patriarchaler Männlichkeit und der traditionellen Familie die faschistische Vision von Stärke. Dazu gehören Vergewaltigungen und Übergriffe sowie die sogenannte Devianz. Die Politik der sexuellen Ängste ist insbesondere dort wirksam, wo die traditionellen männlichen Rollen, wie die des Familienernährers, bereits von wirtschaftlichen Faktoren gefährdet sind.

Faschistische Propaganda nährt die Furcht vor Durchmischung und Vermengung der Ethnien, vor der Korrumpierung der reinen Nation durch »minderwertiges Blut«, wie Charles Lindbergh im Kontext der America-First-Bewegung sagte. Charakteristisch ist außerdem, dass sie derartige Ängste noch verstärkt, indem sie die Bedrohung durch den Fremden sexualisiert. Da die patriarchale Familie die Grundlage der faschistischen Politik bildet, verursacht zudem der Gedanke an Abweichungen von diesem Ideal Panik. So werden Transgender-Personen und Homosexuelle dazu benutzt, um Angst vor dem Verfall der traditionellen männlichen Geschlechterrollen zu schüren.

***

In seinem 1970 erschienenen Artikel »The ›Black Horror on the Rhine‹: Race as a Factor in Post-World War I Diplomacy« (»Die ›Schwarze Schmach am Rhein‹: Ethnie als diplomatischer Faktor nach dem Ersten Weltkrieg«) dokumentiert der Historiker Keith Nelson die Hysterie, die in Deutschland aufgrund der Afrikaner herrschte, die als Teil der französischen Truppen ab 1919 das

Rheinland besetzten.[1] Propaganda, der zufolge deutsche Frauen in großer Zahl von Soldaten aus den afrikanischen Kolonien sexuell missbraucht wurden, verbreitete sich rasant; dazu gehörten auch Texte, übersetzt in fast alle europäischen Sprachen, einschließlich Esperanto. Die Regierung der Weimarer Republik brachte gezielt rassistische Fantasien über die massenhafte Vergewaltigung weißer Frauen durch schwarze Männer als Mittel zur Bekämpfung der französischen Besatzung in Umlauf. Diese Art von Propaganda erwies sich in den »ethnisch sensiblen« Vereinigten Staaten als besonders erfolgreich: Eine Initiative, die sich »Amerikanische Kampagne gegen das Grauen am Rhein« nannte, verteilte 10000 Flugblätter mithilfe von Geldern, die »von wohlhabenden deutsch- und irischstämmigen Amerikanern gespendet« worden waren; und zu einer Kundgebung am 28. Februar 1921 kamen 12000 Menschen in den Madison Square Garden in New York City. Nelson schreibt:

> *Auch ein junger deutscher Nationalist namens Adolf Hitler konnte den Gedanken nicht vergessen, dass »sieben Millionen unter der Fremdherrschaft schmachten und die Lebensader des deutschen Volkes den Tummelplatz afrikanischer Negerhorden durchläuft«. »Juden waren und sind es, die den Neger an den Rhein bringen, immer mit dem gleichen Hintergedanken und klaren Ziele, durch die dadurch zwangsläufig eintretende Bastardisierung die ihnen verhasste weiße Rasse zu zerstören […].«*[2]

Hitler zufolge steckten Juden hinter einer Verschwörung, bei der schwarze Männer reine arische Frauen vergewaltigen sollten, um die »weiße Rasse« zu vernichten. In den 1920er-Jahren war dies auch eine beliebte Erzählung des amerikanischen Ku-Klux-Klans, der offen über Juden fantasierte, die absichtlich die massenhafte Vergewaltigung weißer Frauen durch afrikanische Männer planen, um so die »weiße Rasse« in den Vereinigten Staaten zu zersetzen.

»In den USA ist der arglistige Vergewaltigungsvorwurf einer der größten Kunstgriffe, die der Rassismus erfunden hat«, schreibt die

Aktivistin Angela Davis. »Der Mythos des schwarzen Vergewaltigers wurde methodisch immer genau dann heraufbeschworen, wenn wiederkehrende Wellen von Gewalt und Terror gegen die schwarze Bevölkerungsgruppe einer überzeugenden Rechtfertigung bedurften.«[3] Die Lynchjustiz an Afroamerikanern begründete man mit der Notwendigkeit, die Reinheit weißer amerikanischer Frauen zu verteidigen; in den Worten der Historikerin Crystal Feimster: »Weiße Männer aus dem Süden [mobilisierten] aktiv das Bild des schwarzen Vergewaltigers zu ihrem politischen Vorteil.«[4] Der Senator von South Carolina, Benjamin Tillman, sagte im Senat, dass

> *der arme Afrikaner zu einem Ungeheuer geworden ist, einem wilden Tier, das auf der Suche nach jemandem ist, den es fressen kann, das unsere Zuchthäuser und Gefängnisse füllt und darauf lauert, ob irgendeine hilflose weiße Frau ermordet oder vergewaltigt werden kann.*

Doch es waren nicht nur weiße Männer, deren sexuelle Ängste und Demagogie zu der entsetzlichen, mehrere Jahrzehnte andauernden Flut von Massenlynchmorden an schwarzen amerikanischen Männern führten. Rebecca Latimer Felton war die erste Frau, die nach einer langen Karriere als Person des öffentlichen Lebens 1922 – für einen Tag – zu einer US-Senatorin ernannt wurde. Als profilierte Verfechterin der (weißen) Frauenrechte goss sie im Laufe ihrer Karriere ebenfalls Öl ins Feuer des Rassismus und ging sogar so weit, bei einer Rede im Jahr 1897 über die vermeintliche Gefahr schwarzer Vergewaltiger zu verkünden: »Wenn es der Lynchjustiz bedarf, um das Liebste, was Frauen besitzen, vor betrunkenen, reißenden Bestien zu schützen, dann sage ich: Lynchjustiz, tausendmal die Woche.«

Die große Aktivistin gegen Lynchjustiz, Ida B. Wells, versuchte, Feltons Darstellung mit zwei Pamphleten entgegenzutreten: »Southern Horrors: Lynch Law in All Its Phases«, veröffentlicht 1892, und »A Red Record: Tabulated Statistics and Alleged Causes of Lynchings in the United States 1892–1893–1894« aus dem Jahr

1894. Ihre Ergebnisse, wonach die meisten Lynchopfer zuvor nicht einmal der Vergewaltigung bezichtigt worden waren, stießen auf weit verbreiteten – und historisch dokumentierten – Unglauben.[5] In den gesamten Vereinigten Staaten hatten Weiße angenommen, dass es eine regelrechte Epidemie von Vergewaltigungen weißer Frauen durch schwarze Männer gebe, die die Schrecken der Selbstjustiz rechtfertigten. Denn auf diese Weise ließen sich die Befürchtungen rational erklären, die sie angesichts des potenziellen Statusverlusts, verursacht durch die Akzeptanz ihrer afroamerikanischen Mitbürger als gleichberechtigten Individuen, empfanden. Wo sexuelle Angst extrem, paranoid oder abstrakt erscheint, verbirgt sich dahinter oftmals eine handfestere Verunsicherung.

Diese Panikwelle, die in den Vereinigten Staaten erstmals im 19. und 20. Jahrhundert auftrat, wiederholte sich später in der ganzen Welt. Im Herbst 2017 kam es in Myanmar zu einer der schlimmsten ethnischen Säuberungskampagnen seit dem Zweiten Weltkrieg. Sie richtete sich gegen die Rohingya, eine muslimische Minderheit in dem ansonsten mehrheitlich buddhistischen Land. Hunderte ihrer Dörfer wurden niedergebrannt; brutale Massaker und massenhafte Vergewaltigungen führten zur Flucht von über einer halben Million Menschen nach Bangladesch. Die unbeschreiblich barbarische Kampagne hat ihre jüngsten Ursprünge in Unruhen, die im Juni 2012 mit dem sexuellen Missbrauch und der anschließenden Ermordung einer jungen buddhistischen Frau durch einige Rohingya-Männer begannen. Zwei Jahre später führten Gerüchte in den sozialen Medien über einen ähnlichen Vorfall zu noch mehr Gewalt. Insgesamt wurde der Völkermord an den Rohingyas durch paranoide Theorien bezüglich sexueller Machenschaften von Muslimen angeheizt, die sich an buddhistische Frauen heranmachen; ein Artikel in den *Los Angeles Daily News* aus dem Jahr 2014, der über die Situation berichtet, trägt den Titel »Buddhistische Bürgerwehren in Myanmar entfesseln Unruhen mit wilden Gerüchten über muslimische Sexualverbrecher«. In Interviews mit Experten dokumentiert der Text eine jahrzehntelange Geschichte extremistischer buddhistischer Propaganda von »muslimischen Männern, die es auf ihre Frauen abgesehen hätten«.

In Indien schürten Hindu-Nationalisten immer wieder die antiislamische Stimmung in der Bevölkerung mit Aktionen, die auf eine vermeintliche Bedrohung der Hindu-Männlichkeit durch Muslime hinwiesen; zuletzt in Form einer allgemeinen Panik vor dem kurz bevorstehenden »Liebesdschihad«. In einem Artikel im *Indian Express* vom August 2014 macht die indische Historikerin Charu Gupta auf »eine aggressive, systematische Kampagne« einschließlich »Aufklärungsveranstaltungen« aufmerksam, die vom RSS und einigen Fraktionen der dominierenden hindu-nationalistischen Partei BJP organisiert wurden, um über die angebliche »Liebesdschihad«-Bewegung zu informieren. Diese zwinge Hindu-Frauen durch Heirat sowie Betrug, zum Islam zu konvertieren.[6] Gupta fügt hinzu, dass die Kampagnen auf spalterischen Prinzipien beruhen, die durch »ständige und sich wiederholende Verweise auf die aggressiven und libidinösen Energien des muslimischen Mannes aufrechterhalten werden und einen gemeinsamen ›feindlichen Anderen‹ schaffen«. Sie beklagt den Verlust »logischer Fähigkeiten aufseiten der Hindus« angesichts einer »Politik der kulturellen Jungfräulichkeit und eines Mythos der Unschuld«, die »mit einer wahrgenommenen ›Illegitimität‹ des Aktes kombiniert werden, was zu Hasstiraden über Verletzung, Invasion, Verführung und Vergewaltigung führt«.

Auch in den USA erleben wir zum Zeitpunkt der Niederschrift dieser Zeilen einen Verlust der »logischen Fähigkeiten« angesichts einer Flut von Propaganda, die Einwanderer mit Sexualstraftaten in Beziehung setzt. Trump begann seinen Wahlkampf bekanntlich damit, dass er mexikanische Immigranten in den Vereinigten Staaten als Vergewaltiger brandmarkte. In einem Artikel für die *New York Times* vom 26. September 2017 schreibt Caitlin Dickerson über einen Vorfall in der Kleinstadt Twin Falls, Idaho, wo man drei Flüchtlingsjungen im Alter von sieben, zehn und vierzehn Jahren beschuldigte, ein fünfjähriges amerikanisches Mädchen sexuell missbraucht zu haben. Unmittelbar im Anschluss entstanden Facebook-Kanäle mit Links zu Artikeln im Internet, die behaupteten, »dass das kleine Mädchen mit vorgehaltenem Messer gruppenvergewaltigt wurde, dass es sich bei den Tätern um syrische Flüchtlinge handelte und dass ihre Väter anschließend mit ihnen feierten, indem sie ihnen ›High-Fives‹ gaben«. Kurz darauf titelte der *Drudge Report,* eine der meistbesuchten konservativen Seiten im Internet, mit der reißerischen Aussage »MELDUNG: Syrische ›Flüchtlinge‹ vergewaltigen kleines Mädchen mit vorgehaltenem Messer in Idaho«. Doch die Artikel lagen allesamt falsch – zum einen wurden, wie Dickerson berichtet, zu keinem Zeitpunkt syrische Flüchtlinge in Twin Falls angesiedelt; zum anderen ist nicht einmal klar, ob es überhaupt einen Missbrauch gab (ein Polizeibeamter bezeichnete die Beschreibungen im Internet auf der Grundlage eines Handyvideos des Vorfalls als »100 Prozent falsch und nicht einmal annähernd zutreffend«). Dennoch hatten die gefälschten Meldungen eine Welle von Einschüchterungsversuchen gegen Beamte in Twin Falls und einen Sturm der Entrüstung gegen Flüchtlinge in der Gemeinde zur Folge. Kurz gesagt, sie lösten eine moralische Panik bezüglich der sexuellen Gefahr aus, die Immigranten für weiße amerikanische Mädchen darstellen – eine Panik, die sich bis heute nicht gelegt hat.

Die Rhetorik zum Thema Einwanderung, welche die Trump-Kampagne und seine Regierung stets begleitete, weist Parallelen zu den Taktiken russischer Propagandasender auf, die Falschnachrichten (sowie stark verzogene Tatsachen) über Einwanderer aus dem Nahen Osten verbreiten, dass sie weiße Frauen in Europa vergewaltigen. Jim Rutenberg erörtert in einem Artikel in der *New York Times* vom September 2017 ein Beispiel hierfür: Russische Propagandakanäle hatten ein Jahr vorher bewusst versucht, einen Skandal um den angeblichen sexuellen Missbrauch eines 13-jährigen Mädchens in Berlin durch einen Immigranten aus dem Nahen Osten zu inszenieren. Mehrere Nachrichtenmedien verbreiteten Geschichten über die vermeintliche Vergewaltigung und schürten damit die Empörung in der deutsch-russischen Gemeinschaft. Das Ganze ging schließlich so weit, dass sich 700 Menschen versammelten, um gegen ein Ereignis zu protestieren, das nie stattgefunden hatte. Für den moralischen Aufschrei waren jedoch einzig russische Desinformationen verantwortlich gewesen. Der Umstand, dass all dies auf unheimliche Weise an die Verbreitung der deutschen Propagandakampagne von der »Schwarzen Schmach am Rhein« während der 1920er-Jahre erinnert, sollte uns davon abhalten, die derzeit populäre Ansicht zu übernehmen, wonach es sich bei dieser Art von »Falschnachrichten« um eine Konsequenz der gegenwärtigen Revolution in den sozialen Medien handelt.

***

Die patriarchale Maskulinität erzieht Männern die Erwartungshaltung an, dass die Gesellschaft ihnen die Rolle des alleinigen Beschützers und Versorgers ihrer Familien zubilligt. Während Zeiten extremer wirtschaftlicher Unsicherheit lassen sich daher Männer, die durch den »Statusverlust« infolge der zunehmenden Gleichstellung der Geschlechter ohnehin bereits verunsichert sind, durch die gegen sexuelle Minderheiten gerichtete Demagogie nur allzu leicht in Panik versetzen. Hierbei lenkt die faschistische Politik gezielt von der eigentlichen Quelle der Ängste ab (und ihre Anführer haben selten die Absicht, die tatsächlichen Ursachen der Not zu bekämpfen). Sie verdreht die männliche Verunsicherung, verstärkt durch wirtschaftliche Probleme, hin zur Furcht, dass nun die eigene Familie existenziell durch diejenigen gefährdet sei, die ihre Struktur und Traditionen ablehnen. Auch hier bringt die faschistische Politik eine vermeintliche potenzielle Bedrohung durch sexuelle Übergriffe zum Einsatz.

Im März 2016 verabschiedete die General Assembly des Bundesstaats North Carolina die sogenannte »Bathroom Bill« (»Toilettengesetz«). Diese schreibt vor, dass die örtlichen Schulbehörden »eingeschlechtliche Toiletten mit Mehrfachbelegung« durchsetzen müssen, was bedeutet, dass Transgender-Personen nur die Räumlichkeiten ihres Geburtsgeschlechts aufsuchen dürfen. Die gesamte Debatte um das Gesetz hatte die angebliche Bedrohung, die von transsexuellen Mädchen für nicht transsexuelle Mädchen ausgehe, zum Gegenstand. Dessen Befürworter und Unterstützer machten geltend, dass Transgender-Frauen mutmaßlich Sexualstraftäter seien. Der republikanische Gouverneur des Bundesstaats, Pat McCrory, rechtfertigte seine Entscheidung, das Gesetz zu unterzeichnen, mit dem Argument, die »Bathroom Bill« schütze die weiblichen Bürger North Carolinas. Obwohl sie nur ein Jahr später unter einem demokratischen Gouverneur wieder in Teilen aufgehoben wurde, war die Büchse der Pandora geöffnet: Mittlerweile sind in zehn Bundesstaaten Gesetze nach ihrem Vorbild in Kraft und in etwa einem Dutzend weiteren wird gerade über ihre Einführung diskutiert.

In ihrem Klassiker *Whipping Girl* (»Prügelmädchen«) erklärt Julia Serano, dass transsexuelle Frauen, weil sie sich für ihre Weiblichkeit »entscheiden«, eine ernsthafte Bedrohung für patriarchale Ideologien darstellen:

> *In einer männerzentrierten Geschlechterhierarchie, in der davon ausgegangen wird, dass Männer besser sind als Frauen und dass Männlichkeit der Weiblichkeit überlegen ist, gibt es keine größere wahrgenommene Bedrohung als die Existenz von Transgender-Frauen, die – obwohl sie männlich sind und das männliche Privileg geerbt haben – sich dafür »entscheiden«, weiblich zu sein. Indem wir unsere eigene Weiblichkeit und Femininität annehmen, werfen wir gewissermaßen einen Schatten des Zweifels auf die vermeintliche Vorherrschaft von Männlichkeit und Maskulinität. Um die Bedrohung, die wir für die männerzentrierte Geschlechterhierarchie darstellen, zu mindern, setzt unsere Kultur (vor allem über die Medien) alle nur erdenklichen Taktiken des traditionellen Sexismus ein, um uns abzuwerten.*[7]

Seit der Erstveröffentlichung von Scranos Buch 2007 sind die rhetorischen Angriffe auf Transgender-Frauen in den Mittelpunkt der US-Politik gerückt. Angesichts der Bedeutung der Geschlechterhierarchie für die faschistische Ideologie verwundert es kaum, dass Politiker versuchen, in diese Richtung zu agitieren. Denn ihre Bemühungen können als Signal dafür verstanden werden, dass sich der Faschismus auf dem Vormarsch befindet. Umgekehrt repräsentiert die wachsende Akzeptanz transsexueller Frauen eine deutliche Bestätigung liberal-demokratischer Normen.

Erinnern wir uns an die Bedeutung der patriarchalen Familie für den Faschismus: Der faschistische Anführer ist mit dem Vater, dem »Chef« der traditionellen Familie, vergleichbar, dessen Rolle darin besteht, die Mutter und die Kinder zu schützen. Angriffe auf Transgender-Frauen und die Darstellung des gefürchteten Anderen als Bedrohung für die Männlichkeit der Nation sind Mittel, um die Idee der Maskulinität selbst in das Zentrum der politischen Aufmerksamkeit zu rücken und allmählich faschistische Ideale der Hierarchie und der Beherrschung durch physische Macht in den öffentlichen Raum einzuführen.

Mária Schmidt ist eine rechtsextreme ungarische Historikerin und Museumsdirektorin des »Haus des Terrors« in Budapest, die 2017 ein Buch mit Titel *Language and Freedom* veröffentlichte. In einer Rezension beschreibt Johanna Laakso, Professorin für Linguistik an der Universität Wien, Schmidts Feinde als »muslimische Einwanderer, linksliberale Eliten und George Soros«.[8] Im selben Artikel zitiert sie aus Schmidts Kritik an Angela Merkels Entscheidung, rund eine Million syrische Flüchtlinge in Deutschland aufzunehmen, und wie das Land diese willkommen heißt:

> *Ein normaler Mann oder Jugendlicher wird seine Pflichten kennen und seine Frau, Tochter, Mutter oder Schwester verteidigen. Nur diese Deutschen von heute sind dermaßen hirngewaschen und unmännlich geworden, dass sie nicht einmal dazu in der Lage sind.*

Schmidt macht die Aufnahme einer großen Gruppe syrischer Flüchtlinge in Deutschland für den Verfall der patriarchalen Geschlechterrollen im Land verantwortlich. Was die große Logiklücke in dieser Erklärung füllt, ist ihre Unterstellung einer faschistischen mythischen Vergangenheit, in der Männer die vermeintlich traditionelle Rolle des »Beschützers« der Frauen vor fremdem Einfluss spielten.

Die Betonung einer angeblichen Beeinträchtigung der Fähigkeit von Männern, ihre Familien zu verteidigen, löst für faschistische Politiker ein schwieriges Problem. In einer liberalen Demokratie erfahren Amtsträger, die explizit Freiheit und Gleichheit angreifen, für gewöhnlich nicht sonderlich viel Unterstützung. Die Politisierung der sexuellen Ängste bietet hingegen einen Weg, diese Hürde im Namen der Sicherheit zu umgehen; sie stellt eine Möglichkeit dar, die Ideale der liberalen Demokratie anzugreifen und zu untergraben, ohne dass dies explizit so wahrgenommen wird.

Mit Hilfe einer Politik der sexuellen Angst vermag ein faschistischer Anführer, wenn auch indirekt, Freiheit als Bedrohung zu zeichnen. Denn diese wird ausgeübt, wann immer eine Person ihre Geschlechtsidentität oder sexuelle Präferenz bekundet. Indem sie Transgender-Personen oder Homosexuelle als Gefahr für Frauen und Kinder präsentiert – und damit für die Fähigkeit der Männer, sie zu schützen –, wertet die faschistische Politik dieses liberale Ideal herunter. Auch Frauen, die von ihrem Recht auf eine Abtreibung Gebrauch machen, üben ihre Freiheit aus; hier torpediert die faschistische Politik die liberalen Werte, indem sie Schwangerschaftsabbrüche als Bedrohung für Kinder – und somit für die Kontrolle der Männer über sie – verschreit. Ähnliches gilt für das Recht einer Person, zu heiraten, wen sie will. Die Charakterisierung von Angehörigen einer Religion oder einer Ethnie als Gefahr angesichts der Möglichkeit von Mischehen vergiftet ebenfalls das liberale Ideal der Freiheit.

Des Weiteren untergräbt eine Politik der sexuellen Ängste die Gleichheit. Gewährt man Frauen vollwertige Rechte, gefährdet dies die Rolle des Mannes als alleinigem Versorger der Familie. Die Betonung der männlichen Hilflosigkeit angesichts sexueller Bedrohungen, denen die Familie vermeintlich ausgesetzt ist, verstärkt die Furcht vor dem Verlust der patriarchalen Maskulinität. Die Politik der sexuellen Ängste liefert ein wirksames Mittel, um Freiheit und Gleichheit als fundamentale Gefahren darzustellen, ohne dass dabei der Anschein entsteht, sie würden explizit abgelehnt. Ihre starke Präsenz ist vielleicht das sichtbarste Zeichen für eine Erosion der liberalen Demokratie.

Faschistische Politiker wenden sich daher bevorzugt den schlimmsten und konzentriertesten Quellen sexueller Abweichung und Gewalt zu – den kosmopolitischen urbanen Zentren. Im Buch Genesis zerstörte Gott die Städte Sodom und Gomorrha wegen ihrer Verruchtheit und Sünden. In Fachkreisen besteht eine alte textkritische Kontroverse darüber, um welche Arten von Vergehen es sich dabei genau gehandelt haben soll. Losgelöst von der wissenschaftlichen Forschung geht man jedoch in der allgemeinen Überlieferung davon aus, dass es maßgeblich sexuelle Sünden gewesen sein müssen, insbesondere Homosexualität. Seit langem schon werden Städte in Rhetorik und Literatur als Orte der Dekadenz und Maßlosigkeit gezeichnet. Sodom und Gomorrha sind die biblischen Bezugspunkte für die Quelle sexueller Ängste, wo Homosexualität, ethnische Vermischung und andere Verbrechen gegen die faschistische Ideologie gleichsam an der Tagesordnung stehen.

9 Sodom und Gomorrha

An einem Nachmittag auf der Datscha eines ehemaligen Offiziers lernte ich das Schießen von diesem Mann, der Kaninchen züchtet, um sie zu essen, es aber nicht übers Herz bringt, sie zu töten. Der Tierfreund erläuterte die kulturellen Einstellungen, die diese Region auszeichnen, folgendermaßen: »Wenn zum Beispiel Homosexuelle in unsere Stadt kämen, würden wir sie umbringen.«

— Nicholas Muellner, *In Most Tides an Island*

Kapitel 1 von *Mein Kampf* heißt »Im Elternhaus« und umfasst nur wenige Seiten. Darin huldigt Hitler seinem Geburtsort Braunau am Inn, einem »Städtchen an der Grenze jener zwei deutschen Staaten«, das von Nationalstolz und fleißigen, hart arbeitenden Menschen geprägt sei. »Not und harte Wirklichkeit« sollen ihn bedauerlicherweise zum Verlassen seiner idyllischen kleinstädtischen Heimat genötigt haben: »Einen Koffer mit Kleidern und Wäsche in den Händen, mit einem unerschütterlichen Willen im Herzen, fuhr ich nach Wien.«[1]

Im zweiten Kapitel von *Mein Kampf*, »Wiener Lehr- und Leidensjahre«, geht es um Hitlers Erfahrungen in der größten und weltoffensten Stadt Österreichs. Hier schreibt er: »Wer nicht selber in den Klammern dieser würgenden Natter sich befindet, lernt ihre Giftzähne niemals kennen.«[2] Hitler schildert Wien als eine von Juden beherrschte und kontrollierte Stadt, die die traditionelle deutsche Kultur zugunsten eines ekelhaft dekadenten Abklatsches verhöhnt und beleidigt; auch beklagt er den Mangel an Nationalstolz dort. Vor allem aber verachtet Hitler Wien wegen seiner Weltoffenheit, wegen der Vermischung verschiedener kultureller und ethnischer Bevölkerungsgruppen:

> *Widerwärtig war mir das Rassenkonglomerat, das die Reichshauptstadt zeigte, widerwärtig dieses ganze Völkergemisch von Tschechen, Polen, Ungarn, Ruthenen, Serben und Kroaten usw., zwischen allem aber als ewiger Spaltpilz der Menschheit – Juden und wieder Juden.*[3]

In der deutschen Literatur und Kultur existierte eine romantische Tradition, die die Stadt als Ursache für soziale Missstände und das Land als ein reinigendes Element ansah. Die nationalsozialistische Ideologie trieb dies auf die Spitze: Als reine deutsche Werte galten die des ländlichen Raums, wie sie sich im bäuerlichen Leben verwirklichten; die Städte hingegen waren Orte rassischer Unreinheit, wo das nordische Blut durch die Vermischung mit anderen verdorben wurde. Wie Hitler im zweiten Kapitel seines unveröffentlichten *Zweiten Buches* schreibt:

> *Eine besondere Gefahr der sogenannten wirtschaftsfriedlichen Politik eines Volkes liegt aber darin, dass durch sie zunächst eine Vermehrung der Volkszahl möglich wird, die endlich in keinem Verhältnis mehr steht zu den Lebenserträgnissen des eigenen Grund und Bodens. Diese Überfüllung eines ungenügend grossen Lebensraumes mit Menschen führt dabei nicht selten auch zu schweren sozialen Schäden, indem die Menschen nun in Arbeitszentren zusammengefasst werden, die dann weniger Kulturstätten gleichen als vielmehr Abszessen am Volkskörper, in denen sich alle üblen Laster, Untugenden und Krankheiten zu vereinigen scheinen. Sie sind dann vor allem Brutstätten der Blutsvermischung und Bastardisierung, damit meistens der Rassensenkung und ergeben damit jene eitrigen Herde, in denen die internationale jüdische Völkermade gedeiht und die weitere Zersetzung endgültig besorgt.*[4]

Hitlers Verunglimpfung der kosmopolitischen Großstädte und ihres kulturellen Angebots gehört zum Standardrepertoire faschistischer Politik. »Hollywood« oder sein jeweiliges lokales Pendant, das angeblich vielfach von Juden kontrolliert wird, zersetze regelmäßig die traditionellen Werte und die Kultur, indem es »pervertierte« Kunst produziere. In seinem Aufsatz »Deutsche Freiheit als Voraussetzung der Volkskultur« ruft Alfred Rosenberg auf zum »Widerstand gegen alle volksschädigenden Einflüsse auf dem Gebiet des Theaters, das heute in fast allen Großstädten ein Tummelplatz widernatürlicher Instinkte geworden ist; wir bekämpfen eine ständig um sich greifende Korruption unserer Rechtsauffassungen, die den großen Betrügern nahezu schon einen Freibrief für die Volksausbeutung ausstellt«.[5]

***

Während die Städte in der faschistischen Vorstellungswelt die Quelle einer verderblichen, oftmals von Juden und Einwanderern hervorgebrachten Kultur sind, betrachten sie die ländlichen Gebiete als rein. Die »Parteiamtliche Kundgebung über die Stellung der NSDAP zum Landvolk und zur Landwirtschaft« wurde 1930 im *Völkischen Beobachter* veröffentlicht und von Hitler unterschrieben (obwohl die tatsächliche Urheberschaft unklar ist).[6] Sie enthält eine prägnante Darstellung der nationalsozialistischen Ideologie, wonach die wahren Werte der Nation auf dem Land zu finden seien, und dass die Partei »im Landvolke auch den Hauptträger volklicher Erbgesundheit, den Jungbrunnen des Volkes und das Rückgrat der Wehrkraft« sieht.[7] Mit anderen Worten: In der faschistischen Politik gelten der bäuerliche Familienbetrieb und die zugehörige Gemeinschaft als Eckpfeiler der nationalen Werte respektive des Militärs. Ressourcen, die in die Städte strömen, sollen daher stattdessen in die ländlichen Gemeinden geleitet werden, um diese lebenswichtigen Zentren der Nation zu erhalten. Auch damit dürfen sie als Quelle des reinen Blutes nicht durch Einwanderung verschmutzt werden. Zur offiziellen Nazi-Politik gehörte folgende Überlegung: »Durch [...] Verbesserungen der Lage der heimischen Landarbeiter und durch Unterbindung der Landflucht wird ein Heranziehen ausländischer Landarbeiter unnötig und deshalb künftig verboten.«[8]

Eine im Juni 2017 von der *Washington Post* und der Kaiser Foundation durchgeführte Umfrage unter knapp 1700 Amerikanern ergab, dass »die jeweiligen Einstellungen zu Immigranten die größten Diskrepanzen zwischen den Städten und den ländlichen Gemeinden der USA offenbaren«.[9] So stimmten nur 16 Prozent der Stadtbewohner, aber 42 Prozent der Landbewohner folgender Aussage zu: »Einwanderer sind eine Belastung für unser Land, weil sie uns Arbeitsplätze, Wohnraum und Gesundheitsversorgung wegnehmen.« Die Umfrage deutet darauf hin, dass die Politik des Gegensatzes zwischen Stadt und Land für demagogisch gesinnte US-Politiker einen vielversprechenden Ansatz bietet, um eine Spaltung herbeizuführen, insbesondere beim Thema Immigration. Ein Artikel im *Guardian*, der am 21. April anlässlich der französischen Präsidentschaftswahlen 2017 veröffentlicht wurde, beschreibt die Basis des Rassemblement National und seiner Kandidatin Marine Le Pen folgendermaßen: »Menschen, die in unscheinbaren Gemeinden und Dörfern auf dem Land leben, weit weg von den großen Metropolen«. Ihre Botschaft von »rigoroser Sicherheit und Anti-Einwanderung« wird für die Beliebtheit ihrer Partei im ländlichen Raum verantwortlich gemacht, wo eine ausgeprägte und allgegenwärtige Stimmung gegen Immigration herrscht – und zwar selbst dort, wo diese »überaus schwach ist«. Obwohl Le Pen in Paris weniger als 5 Prozent der Stimmen erhielt, erreichte sie im ersten Wahlgang knapp den zweiten Platz hinter Emmanuel Macron, wobei »die regionalen Ergebnisse auf eine politische Zersplitterung zwischen den großen Städten und den eher ländlichen Gebieten hindeuten«.[10] In der letzten Runde, die Macron mit einem Erdrutschsieg gewann, blieb die Spaltung zwischen Stadt und Land bestehen. Ein Artikel in der BBC vom 12. Mai 2017 fasst die unterschiedlichen Zustimmungswerte zusammen:

Am besten schnitt Macron in den großen Städten ab, darunter Paris, wo neun von zehn Wählern ihn wählten. Dies war seine stärkste Region. Im Gegensatz dazu erfuhr Le Pen ihre größte Unterstützung auf dem Land.[11]

Ähnlich stieß Donald Trumps rigide Anti-Immigrations-Rhetorik während der Präsidentschaftswahlen 2016 in den Vereinigten Staaten zumal im ländlichen Raum, wo sehr wenige Einwanderer leben, auf Anklang.

***

Die faschistische Politik richtet sich an die Bevölkerung außerhalb der großen Städte, weil sie für diese besonders verführerisch ist. Daher erfährt die Politik gerade in Zeiten der Globalisierung, in denen sich die ökonomische Macht zunehmend auf die städtischen Gebiete, die Zentren der entstehenden Weltwirtschaft, verlagert – wie beispielsweise schon in den 1930er-Jahren in Europa geschehen –, starke Resonanz. Sie unterstreicht das Unrecht, das eine globalisierte Wirtschaft dem ländlichen Raum zufügt, und betont deren traditionelle Werte der Selbstgenügsamkeit, die durch den kulturellen und wirtschaftlichen Erfolg der liberalen Städte vermeintlich gefährdet seien.

Bei den Mitgliederwahlen für die gesetzgebenden Körperschaften in Minnesota stürzte im Jahr 2014 eine republikanische Woge die demokratische Mehrheit; zuvor hatte bereits im Wahlkampf ein Republikaner sein Gegenüber bei den Demokraten als »Metro-Trottel« bezeichnet. In einem Artikel des *Star Tribune* vom 25. Januar 2015, der dem Triumph der Republikanischen Partei nachgeht, äußert sich Patrick Condon zu zahlreichen lokalen und nationalen Themen: unter anderem zu einem neuen Bürogebäude des Senats in St. Paul, der Legalisierung der Homo-Ehe und den Bemühungen, Obamacare nach Minnesota zu bringen. Daraus konnten die Kandidaten der Republikaner in vielen der entlegenen Gebiete des Bundesstaats erhebliches Kapital schlagen, indem sie das verbreitete Unbehagen darüber ausnutzten, dass die Demokraten aus den Großstädten den Dörfern ihre Werte aufzwingen, während sie selbst die Einnahmen aus der Staatskasse horten.

Das verbreitete Gefühl, dass die Städter von den Steuern der hart arbeitenden Landbevölkerung Minnesotas leben, war 2014 ein wichtiger Faktor für den republikanischen Wahlsieg. (»Auch wir zahlen Steuern«, zitiert Cordon einen Bürger aus einer ländlichen Gegend, »aber wir haben den Eindruck, dass ein großer Teil unserer Steuergelder in die städtische Entwicklung in der Metropolregion fließt. Wir wollen unseren Anteil daran. Auch wir hätten gerne schöne Straßen.«) Doch typisch für politische Taktiken, die in Zeiten der Globalisierung versuchen, die Kluft zwischen Stadt und Land zu verschärfen, handelte es sich bei dieser Wahrnehmung um einen Mythos. Denn in Minnesota sind, wie vielerorts in der globalisierten Wirtschaft, gerade die Ballungsgebiete »der Wirtschaftsmotor des Staates und generieren Steuergelder, die in jeden Winkel des Umlands fließen«.

Die faschistische Politik bedient jenen schändlichen Mythos, wonach die hart arbeitende Landbevölkerung für den Unterhalt der »faulen« Städter aufkomme; und so verwundert es kaum, dass die Basis ihres Erfolgs allgemein im ländlichen Raum zu finden ist. In einem Aufsatz aus dem Jahr 1980 über die Zusammensetzung der NSDAP-Unterstützer mit dem Titel »The Electoral Geography of the Nazi Landslide« (»Die Wahlgeographie des Nazi-Erdrutschsieges«) stellt Nico Passchier fest, dass »die Unterstützung für den Nationalsozialismus auf dem Land und insbesondere in der Landwirtschaft sehr groß war« und dass die Nazis »in Gebieten mit kleinen Bauernhöfen, einer eher homogenen Sozialstruktur, starken Bindungen auf lokaler Ebene und sozialer Kontrolle« besonders großen Erfolg hatten.[12]

Die Triftigkeit der Angriffe faschistischer Politiker auf die Städte ist für ihre Wirkung nicht sonderlich ausschlaggebend. Entsprechende Botschaften kommen vor allem bei Wählern an, die auf dem Land leben, und müssen daher erst gar nicht an die Stadtbewohner appellieren. Bei den amerikanischen Präsidentschaftswahlen 2016 spielte die anti-urbane Rhetorik eine zentrale Rolle. Die Rate der Gewaltverbrechen in den Vereinigten Staaten lag 2016 und 2017 auf einem historischen Tiefstand (ihre schwerwiegendste Ausprägung, Amokläufe, stehen nicht speziell im Zusammenhang mit städtischen Gebieten und werden in der Regel von weißen Männern begangen). Die Städte prosperierten; die »Millennial-Generation« bevorzugte tendenziell urbane Viertel gegenüber den Vorstädten, weshalb diese einen enormen Aufschwung erlebten. Viele Stadtteile, wie etwa Harlem, die noch in den 1970er- und 1980er-Jahren ein Paradebeispiel für verwahrloste Ghettos gewesen waren, durchliefen – im Guten wie im Schlechten – eine absolute Hochphase, inklusive massiver Gentrifizierung und steil ansteigender Wohnungspreise. Dessen ungeachtet sprach Donald Trump während des Wahlkampfs 2016 und im Anschluss daran regelmäßig von urbanen Gebieten als Orten der Brutalität und des Verfalls. So twitterte der designierte Präsident beispielsweise am 14. Januar 2017 von den »brennenden und von Kriminalität heimgesuchten Innenstädten in den USA«. Trotz der bemerkenswerten Gentrifizierung behauptete Trump regelmäßig, die Städte enthielten Ghettos voller Schwarzer (und damit mutmaßlicher Krimineller, wie er andeutet). Ein typischer Satz aus einer seiner Wahlkampfreden lautet:

> *Unsere afroamerikanischen Gemeinden sind in der absolut schlechtesten Verfassung, in der sie jemals waren. Nie, nie, nie war es derart schlimm. Schauen Sie sich nur die Innenstädte an, da gibt es keine Bildung, da gibt es keine Arbeit, da wird man auf der Straße erschossen.*

Gleichwohl wiesen die urbanen Gegenden in den Vereinigten Staaten zu dieser Zeit die niedrigsten Kriminalitätsraten seit Generationen sowie eine rekordverdächtig geringe Arbeitslosigkeit auf. Trumps Rhetorik ergibt im Kontext einer übergeordneten faschistischen Politik Sinn, die Städte als Horte von Krankheit, Pestilenz und verkommener Ghettos ansieht, wo verachtete Minderheiten von der Arbeit anderer leben.

***

In Staaten, deren Städte tiefreligiöse Viertel haben, oder solche mit verarmten Landarbeitern, die von der populistischen Wirtschaftspolitik autoritärer Anführer begünstigt werden, kommt es vor, dass die Beschwörung des ländlichen Raums in der faschistischen Politik verdeckt bleibt. Recep Tayyip Erdoğan begann seine Karriere als Bürgermeister von Istanbul, der größten Stadt der Türkei. Dort gibt es große Bezirke, in denen mehrheitlich konservativ-religiöse Wähler leben, was ihm schon früh eine breite Unterstützung verschaffte. Erdoğans populistische Wirtschaftspolitik kam auch den vernachlässigten Armen Istanbuls zugute. Doch 1999 wählte er Siirt, »eine Stadt im religiös konservativen und unruhigen Südosten des Landes«, um eine kontroverse antisäkulare Rede zu halten, die ihn wegen »Aufwiegelung zum Hass aufgrund religiöser Unterschiede« ins Gefängnis brachte.[13] In dem Maße, in dem Erdoğan zunehmend faschistische Politik betreibt, hat sich seine Unterstützerbasis in ländliche Gebiete verlagert. Die drei größten Städte der Türkei stimmten allesamt gegen das Referendum im Jahr 2017, das ihm als Präsidenten praktisch diktatorische Befugnisse einräumte. Erfolg hatte er dabei letztlich nur wegen seiner Anhängerschaft auf dem Land.

Städte neigen besonders stark zu Pluralismus. In den urbanen Zentren trifft man nicht nur auf ein Höchstmaß an ethnischer und religiöser Diversität, sondern auch auf die größte Vielfalt an Lebensstilen und Bräuchen. Die Literatur über den Nationalsozialismus vertritt die These, dass in städtischen Gegenden ein gewisses Maß an Toleranz verankert war, das es zumindest eine Zeit lang ermöglichte, die von den Nazis ins Visier genommenen Bevölkerungsgruppen zu schützen. Laut Richard Grunberger liefen

> *Juden, die in Dörfern und Kleinstädten lebten, Gefahr, dass ihre Fenster eingeschlagen und sie tätlich angegriffen wurden, was mitunter bis hin zum Mord ging. Dies zwang sie dazu, die Anonymität und den Schutz der Gemeinschaft zu suchen, welche sie in großen Zentren wie Frankfurt und Berlin vorfanden. Auf dem Land war der Antisemitismus im Allgemeinen ausgeprägter als in der Stadt. In der Stadt war die antijüdische Stimmung in etwa umgekehrt proportional zu ihrer Größe.*[14]

Die faschistische Ideologie lehnt Pluralismus und Toleranz ab. Ihr zufolge haben alle Mitglieder der auserwählten Nation genau eine Religion und Lebensweise und üben sich in einer Reihe von Bräuchen, die nur ihnen zu eigen sind. Die Diversität und die damit einhergehende Toleranz im Umgang mit kulturellen Differenzen in den Großstädten stellen somit eine Gefahr für ihre Politik dar. Der Faschismus richtet sich gegen Finanzeliten, »Kosmopoliten«, Liberale sowie religiöse, ethnische und sexuelle Minderheiten. In vielen Ländern handelt es sich hierbei um typisch urbane Bevölkerungsgruppen. Aus diesem Grund bieten sich Städte hervorragend als Platzhalter für die klassischen Feinde der faschistischen Politik an.

***

Gemäß der faschistischen Ideologie untersteht das Leben auf dem Land einem Ethos der Selbstgenügsamkeit, der den Menschen Stärke verleiht. In den ländlichen Gemeinden sei man im Gegensatz zu den »Parasiten« in der Stadt nicht auf den Staat angewiesen. Hitler berichtet von einer Lehre, die er aus seiner Zeit in Wien gezogen hat, wenn er schreibt,

> *dass die soziale Tätigkeit nie und nimmer in ebenso lächerlichen wie zwecklosen Wohlfahrtsduseleien ihre Aufgabe zu erblicken hat, als vielmehr in der Beseitigung solcher grundsätzlicher Mängel in der Organisation unseres Wirtschafts- und Kulturlebens, die zu Entartungen einzelner führen müssen oder wenigstens verleiten können.*[15]

Richard Walther Darré war ein führender Nazi-Ideologe und einer der ranghöchsten Kommandanten der SS. Eine These seines Buches »Das Bauerntum als Lebensquell der Nordischen Rasse« aus dem Jahr 1929 lautet, die wahre Freiheit sei nur im ländlich-agrarischen Leben der Bauern zu finden. Dort sei man gezwungen, sich »auf seine eigenen Fähigkeiten zu verlassen« und sich selbst zu versorgen, statt wie die Stadtbewohner zu »schmarotzen«.[16]

Im Faschismus gilt der Staat als Feind; er soll durch die Nation ersetzt werden, ein Kollektiv aus autarken Individuen, die gemeinsam beschließen, sich für ein gemeinsames Ziel ethnischer oder religiöser Aufwertung zu opfern. Jenes Element der faschistischen Ideologie, das dem libertären Ideal der Autarkie und der Freiheit vom Staat zumindest oberflächlich ähnelt, existiert, wie das nächste Kapitel zeigen wird, in einem Spannungsverhältnis.

Zwecks Stärkung der Nation entwickeln faschistische Bewegungen eine Obsession damit, rückläufige Geburtenraten umzukehren; das Ziel sind große Familien, die von engagierten Hausfrauen aufgezogen werden.[17] Dabei prangern sie die Städte als Orte sinkender Geburtenraten an. Dies gehe auf die vermeintlich schwächende Wirkung des Kosmopolitismus zurück, die Männer und Frauen weniger fähig mache, die traditionellen Geschlechterrollen (etwa als Soldaten und Mütter) einzunehmen. In einer Rede des italienischen Faschistenführers Benito Mussolini aus dem Jahr 1927 heißt es:

> *Von einem bestimmten Punkt an beginnt die Stadt auf eine kranke, pathologische Weise zu wachsen, und zwar nicht durch eigene Ressourcen, sondern durch externe Unterstützung. Die zunehmende Unfruchtbarkeit der Bürger steht in direktem Zusammenhang mit dem schnellen und monströsen Wachstum der Städte. Die Metropole breitet sich aus und zieht die Bevölkerung vom Lande an, die, sobald sie urbanisiert ist, genauso steril wird wie die bereits dort lebende Bevölkerung. Die Stadt stirbt, die Nation besteht nun aus alten und degenerierten Menschen, die sich nicht gegen ein jüngeres Volk verteidigen können, das die nun unbewachten Grenzen angreift.*[18]

Mussolini verurteilt Weltstädte wie New York, weil es in ihnen von Nichtweißen nur so wimmelt. Der faschistischen Ideologie zufolge sind urbane Zentren Orte, an denen die Mitglieder der Nation kinderlos altern und sterben, umgeben von riesigen Horden verachteter Anderer, die sich unkontrolliert vermehren und deren Kinder dem Staat permanent zur Last fallen.

Nach dieser Weltanschauung kommen Städte kollektiven Einrichtungen gleich, in denen die Menschen für ihr Überleben und ihren Komfort auf die öffentliche Infrastruktur, »den Staat«, angewiesen sind. Städter erjagen keine Beute und bauen ihre Lebensmittel nicht an wie in der mythischen Vergangenheit, sondern kaufen sie in Geschäften. Dies widerspricht dem Ideal bäuerlicher Selbstgenügsamkeit. In der faschistischen Ideologie ist die Nation der Versorger, nicht der Staat: kleine ethnisch oder religiös reine Gemeinschaften aus autarken Individuen, die als Kollektiv fungieren. Auch in den Vereinigten Staaten gibt es heute klare Anzeichen für dieses Gedankengut. In einer Umfrage aus dem Jahr 2017, die an späterer Stelle näher besprochen wird, bestand in Bezug auf die Vorstellungen von harter Arbeit und Selbstversorgung zwischen den Teilnehmern in ländlichen und städtischen Gebieten eine besonders große Diskrepanz. Auf die Frage »Was ist Ihrer Meinung nach im Allgemeinen häufiger der Grund dafür, dass eine Person arm ist?« wählten 49 Prozent der Landbewohner »unzureichende eigene Bemühungen« als Antwort, während 46 Prozent der Möglichkeit »schwierige Lebensumstände, die sich der eigenen Einflussnahme entziehen«, zustimmten; im Unterschied dazu antworteten nur 37 Prozent der Stadtbewohner »unzureichende eigene Bemühungen«, während 56 Prozent sich für »schwierige Lebensumstände, die sich der eigenen Einflussnahme entziehen«, entschieden.

Charakteristisch für die faschistische Politik ist die Darstellung der Minderheiten in den Städten als Ratten oder »Schmarotzern«, die von der ehrlichen und harten Arbeit der Landbevölkerung leben. Hitler schreibt dazu in *Mein Kampf*:

Wahrscheinlich war auch der Arier erst Nomade und wurde im Laufe der Zeit sesshaft, allein deshalb war er doch niemals Jude! Nein, der Jude ist kein Nomade; denn auch der Nomade hatte schon eine bestimmte Stellung zum Begriffe »Arbeit« […] Bei den Juden hingegen ist diese Einstellung überhaupt nicht vorhanden; er war deshalb auch kein Nomade, sondern immer nur Parasit im Körper anderer Völker.[19]

Laut dem nationalsozialistischen Bildungswesen sind

Juden in den folgenden Berufen nicht anzutreffen: Fabrikarbeiter, Maurer, Schmied, Schlosser, Bergmann, Landwirt, Stuckateur. Mit anderen Worten: Der Jude vermied die Handarbeit und schwere Arbeit, wobei er »vom Schweiße seiner Nachbarn lebte. Ähnlich wie die Mistel an einem Baum ist er ein Parasit«.[20]

Gemäß der faschistischen Politik kann die Faulheit der Minderheiten in den Städten nur dadurch geheilt werden, dass man sie zur Tätigkeit zwingt. In der Nazi-Ideologie kam harter Arbeit eine bemerkenswerte Macht zu: Sie vermochte es, eine von Natur aus faule »Rasse« zu läutern.

10 Arbeit macht frei

Im Jahr 2017 wurden die Vereinigten Staaten von mehreren gewaltigen Hurrikans heimgesucht. Im August verwüstete »Harvey« die Stadt Houston im Bundesstaat Texas. Den Monat darauf tobte »Maria« noch weitaus schlimmer im US-Außengebiet Puerto Rico, wo viele Einwohner monatelang ohne Strom ausharren mussten. Die Menschen dort sind ebenso amerikanische Staatsbürger wie die, die in Houston geboren wurden. Gleichwohl fielen die Reaktionen auf die Hurrikans in beiden Fällen drastisch unterschiedlich aus. Hierbei stachen einerseits die Bundesbehörden und der damalige Präsident Trump sowie andererseits viele weiße Amerikaner, die auf dem Festland leben, heraus. Jenna Johnson zitiert in einem Artikel der *Washington Post* vom Oktober 2017 Fred Maddox, einen 75-jährigen Einwohner von Houston, zu der Frage, ob Puerto Rico die gleiche Art von Unterstützung erhalten sollte wie Houston:

> *Es sollte wirklich nicht unsere Aufgabe sein. Das glaube ich nicht. Er versucht, sie wachzurütteln: Erledigt eure Arbeit. Übernehmt Verantwortung.*

Die Familie Maddox war nicht gegen Überschwemmungen versichert gewesen, erhielt aber dennoch 14000 Dollar an Hilfe von der Bundesagentur für Katastrophenschutz (»Federal Emergency Management Agency«, FEMA). Der Artikel endet mit einem Zitat über Maddox' Ansicht zu Trumps unterschiedlichen Reaktionen auf die Katastrophe:

> *Es gefällt ihm, einen Geschäftsmann im Amt zu haben, vor allem einen, der sich nicht scheut, die schmerzhafte Wahrheit zu sagen.*

»Es ist höchste Zeit«, sagte er, »dass wir jemanden haben, der für uns kämpft.«

In der faschistischen Ideologie behält sich der Staat in Krisen- und Notzeiten die Unterstützung für die Mitglieder der auserwählten Nation vor – für »uns« und nicht für »sie«. Die Rechtfertigung dafür lautet stets, dass »sie« faul und kriminell seien, dass es »ihnen« an Arbeitsmoral mangele, dass man »ihnen« keine staatlichen Gelder anvertrauen könne und dass »sie« nur von der öffentlichen Fürsorge leben wollen. Gemäß faschistischer Politik ist es jedoch möglich, »sie« durch harte Arbeit von Faulheit und Kriminalität zu heilen. Aus diesem Grund prangte an den Toren von Auschwitz die Parole »Arbeit macht frei«.

Für die Nationalsozialisten galten Juden als faule, korrupte Kriminelle, die ihre Zeit damit zubrachten, schwer schuftenden Ariern das Geld aus der Tasche zu ziehen, eine Tätigkeit, die der Staat ihnen auch noch erleichterte. In den »Richtlinien« der Deutschen Arbeiterpartei aus dem Jahr 1919 – so der ursprüngliche Name der NSDAP – wird gefragt: »Wem gilt der Kampf der D. A. P.?« Die Antwort lautet:

Gegen alle diejenigen, die keine Werte schaffen, die ohne jegliche geistige oder körperliche Arbeit hohe Gewinne machen. Wir kämpfen gegen die Bonzen im Staat; es sind meistens Juden; sie haben ein gutes Leben und ernten, was sie nicht gesät haben.[1]

Ihre Lösung bestand darin, den Staat abzuschaffen und ihn durch die Nation zu ersetzen. Dort gebe es keine Mechanismen wie die »Wohlfahrt« mehr, die, wie Hitler anprangert, den Einzelnen seiner Fähigkeit zur wirtschaftlichen Unabhängigkeit beraube. Der Staat stehe für die Umverteilung des Reichtums der fleißigen Bürger an »unwürdige« Minderheiten außerhalb der dominierenden ethnischen oder religiösen Gemeinschaft, die von ihnen ausgenützt werde.

Es gibt eine Vielzahl sozialwissenschaftlicher Publikationen, die die Einstellung weißer Amerikaner zu »Wohlfahrts«-Programmen (wobei der Begriff in der Tat unzureichend definiert ist) untersuchen. Zumeist wird der amerikanische Widerstand gegen sozialstaatliche Strukturen als Bekenntnis zum Individualismus – als Unterstützung und Wunsch, eine Ethik der Selbstversorgung zu pflegen – ausgelegt. Laut der Forschung ist jedoch der wichtigste Einflussfaktor auf die Einstellung weißer Amerikaner zu staatlichen Programmen, die gemeinhin unter die Bezeichnung »Wohlfahrt« fallen, ihre Haltung in der Frage, ob Schwarze faul seien. In seinem 1996 erschienenen Aufsatz »›Race Coding‹ and White Opposition to Welfare« schreibt der Princeton-Politologe Martin Gilens:

> *Die Wahrnehmung, dass Schwarze faul sind, hat einen größeren Einfluss auf die wohlfahrtspolitischen Präferenzen der weißen Amerikaner als wirtschaftliches Eigeninteresse, Überzeugungen in Bezug auf den Individualismus oder Ansichten über die Armen im Allgemeinen.*[2]

Natürlich bedingen sich Faktoren wie Rassismus, die Überzeugung, dass die Mittellosen faul seien, und die Befürwortung bestimmter Formen des Individualismus gegenseitig. Viele weiße Amerikaner haben außerdem falsche Vorstellungen davon, wer arm ist. So herrscht beispielsweise weitreichende Ignoranz bezüglich der Tatsache, dass die Mehrheit derer, die von Wohlfahrtsprogrammen profitieren, weiß sind. Ferner ist, wie bereits erwähnt, die Aufwertung der Selbstgenügsamkeit im Kern der faschistischen Ideologie untrennbar mit der Ablehnung bestimmter verhasster Minderheiten verwoben. Natürlich können wir zwischen dem Glauben an die Faulheit der Schwarzen und der Armen auf der einen und der Achtung wirtschaftlicher Unabhängigkeit auf der anderen Seite differenzieren, aber bei entsprechend empfänglichen Menschen treten beide Überzeugungen häufig zusammen auf. In der faschistischen Ideologie wird das Ideal der harten Arbeit als Waffe gegen Minderheiten eingesetzt. Beispielsweise hetzt in Frankreich der neofaschistische Rassemblement National gnadenlos gegen Einwanderer; Vertreter der Partei beschimpfen sie regelmäßig als faule Schmarotzer, die von der harten Arbeit und dem Fleiß der »wahren« Franzosen leben. So sagte Marine Le Pen, damals amtierende Vorsitzende, im Präsidentschaftswahlkampf 2017, dass »Eindringlinge aus aller Welt Frankreich in ein riesiges besetztes Gelände verwandeln wollen«.

***

Die Dichotomie »harte Arbeit« versus »Faulheit« bildet ebenso wie »gesetzestreu« versus »kriminell« den Kern der faschistischen Trennung zwischen »uns« und »denen«. An diesen rhetorischen Abgrenzungen jedoch am erschreckendsten ist die Tatsache, dass faschistische Bewegungen typischerweise versuchen, Mythen über »sie« durch Sozialpolitik in die Realität umzusetzen. Wir sehen dies regelmäßig bei Flüchtlingsbewegungen. Hannah Arendt schreibt:

> *Viel zu wenig Aufmerksamkeit wurde bislang einem Kennzeichen faschistischer Propaganda gewidmet, nämlich der Tatsache, dass diese sich nicht mit der Lüge begnügte, sondern es ganz bewusst darauf anlegte, ihre Lügen in die Wirklichkeit umzusetzen. So hat das Schwarze Korps etliche Jahre vor Kriegsausbruch eingeräumt, man glaube im Ausland der Nazi-Behauptung nicht recht, dass alle Juden heimatlose Bettler seien, die ihr Dasein nur als Parasiten des Wirtschaftslebens anderer Länder fristen könnten; doch die öffentliche Meinung des Auslands, so prophezeite das Blatt, bekäme in ein paar Jahren Gelegenheit, sich selbst von dieser Tatsache zu überzeugen, dann nämlich, wenn die deutschen Juden wie Bettlerpack über die Grenzen getrieben würden. Die Wirklichkeit umzulügen – auf eine derartige Erfindung war niemand vorbereitet. Das Wesensmerkmal faschistischer Propaganda bestand nie in ihren Lügen, denn die Lüge gehörte mehr oder weniger schon immer und überall zur Propaganda. We-*

sentlich an ihr war, dass sie die uralte vorurteilsfreie abendländische Neigung, Wirklichkeit und Wahrheit durcheinander zu bringen, ausnutzte, und das »wahr« machte, was bislang nur als Lüge bezeichnet werden konnte.[3]

Traumatisierte, mittellose Flüchtlinge, die massenhaft über die Grenzen kommen, benötigen staatliche Hilfe und Beistand, bevor sie in den Arbeitsmarkt eintreten können. Sie bedürfen dieser Unterstützung, um die Sprache zu lernen und, zumindest anfangs, Unterkunft, Verpflegung und eine Berufsausbildung zu erlangen. Indem faschistische Bewegungen die Mitglieder einer verachteten Minderheit einer brutalen Behandlung unterziehen und sie dann als Flüchtlinge über die Grenzen in andere Länder schicken, schaffen sie eine Scheinrealität, die ihre Behauptung stützt, dass die Angehörigen dieser Gruppe faul und von staatlicher Hilfe oder Kleinkriminalität abhängig seien. Mit derartigen Methoden exportieren sie zugleich die Bedingungen, die ihre Politik wirksam machen.

Arendt will in der oben zitierten Passage sagen, dass die faschistische Unwirklichkeit ein Versprechen auf dem Weg zu einer künftigen Realität ist, die zumindest einen Teil dessen, was einst ein stereotyper Mythos war, in Tatsachen verwandelt. Ideologie und Gesetzgebung gehen dabei Hand in Hand; die Unwirklichkeit bildet, wie Arendt erklärt, den Auftakt zur faschistischen Politik. Nach der Machtübernahme sind deren Anhänger dann versucht, ihre einst abwegigen Aussagen nachträglich und stetig zu plausibilisieren.

Auf diese Weise schaffen die jeweiligen Regierungen im Vorfeld einer ethnischen Säuberung oder eines Völkermordes innerhalb des Staates künstlich die Bedingungen, die die anschließende brutale Behandlung der Bevölkerung zu legitimieren scheinen. Ein gutes Beispiel hierfür ist der slowakische Staat unter der Führung von Jozef Tiso, der nach dem Einmarsch Nazideutschlands in die Tschechoslowakei 1939 entstand. In seinem 2015 erschienenen Buch *Black Earth: Der Holocaust und warum er sich wiederholen kann* schreibt der an der Yale University lehrende Historiker Timothy Snyder:

> *Während der Übergangsphase von tschechoslowakischem zu slowakischem Recht plünderten die Slowaken und andere mit großem Eifer die Juden aus. Tiso und die Führung des neuen Staates betrachteten das als Teil eines natürlichen Prozesses, bei dem Slowaken die Juden (und die slowakischen Katholiken die slowakischen Protestanten) als Mittelschicht ablösen sollten. Gesetze, mit denen Juden enteignet wurden, sorgten deshalb auf künstliche Weise für eine Judenfrage: Was sollte man mit all diesen verarmten Menschen tun?*[4]

Anschließend erklärt Snyder, dass sich die slowakische Führung für die Deportation ihrer jüdischen Bevölkerung nach Auschwitz entschied, und zwar nachdem sie sich zuvor von Heinrich Himmler hatte versichern lassen, dass man die 58000 slowakischen Juden nicht wieder zurückschicken werde.

Die Krise in Myanmar 2017 mit ihren ethnischen Säuberungen und Massenmorden kam ebenfalls nicht aus heiterem Himmel. Wie bereits erwähnt, begann sie 2012 nach der Vergewaltigung und Ermordung einer buddhistischen Frau durch mehrere Rohingya-Männer, woraufhin Angehörige der Minderheit zu Hunderten in ihren Dörfern isoliert und mit einem Reiseverbot versehen wurden. Laut dem Bericht des Hochkommissars für Menschenrechte der Vereinten Nationen vom Juni 2016 benötigen die meisten Rohingyas seit 2012

> *eine offizielle Genehmigung, um sich zwischen Gemeinden und oft auch innerhalb von Gemeinden zu bewegen (so ist beispielsweise im nördlichen Bundesstaat Rakhine eine Bescheinigung über die Abreise aus einem Dorf erforderlich, um in einem anderen Dorf zu übernachten). Die Verfahren zur Erlangung einer Reisegenehmigung sind mühsam und zeitaufwändig. Die Nichteinhaltung der Vorschriften kann zur Verhaftung und strafrechtlicher Verfolgung führen. Regel-*

mäßig führen die Restriktionen zu Erpressung und Schikanen durch Strafverfolgungsbehörden und Beamte. […] Die anhaltende Vertreibung, die Überbelegung der Lager, der Mangel am Lebensnotwendigen und die Einschränkungen in allen Lebensbereichen verschärfen die Spannungen und das Risiko häuslicher Gewalt.[5]

Der Umgang mit den Rohingyas in Myanmar beraubte sie ihrer Arbeitsmöglichkeiten, und zweifelsohne schadeten die ständigen Schikanen und Polizeieinsätze ihrer psychischen Gesundheit. All dies trug dazu bei, negative Stereotype über sie zu befeuern, was wiederum ihre brutale und unmenschliche Behandlung legitimieren und den Widerstand gegen ihre Aufnahme als Flüchtlinge in anderen Ländern verstärken sollte. 2017 gipfelte diese systematische Ausgrenzung in der ethnischen Säuberung ihrer Bevölkerung.

Frantz Fanon, ein ausgebildeter Psychiater, wurde in Martinique geboren und lebte sowohl in Frankreich als auch in Nordafrika. Sein 1952 im Alter von nur 27 Jahren veröffentlichtes Buch *Schwarze Haut, weiße Masken* ist einer der klassischen antikolonialen Texte des 20. Jahrhunderts. Anhand einer Beschreibung des Umgangs der französischen Polizei mit Algeriern zeigt Fanon prägnant auf, wie die gängige Praxis des Kolonisators die materiellen Voraussetzungen für einen ethnischen Stereotyp schaffen kann.

Im Falle der Franzosen lautete dieser, dass die Araber verschlagen, hinterhältig, schmutzig und argwöhnisch seien. Fanon stellt jedoch heraus, dass das Vorurteil durch die Art und Weise, wie die französische Polizei mit ihnen umging, und die Tatsache, dass die Kolonialherrschaft sie verarmen ließ, zuallererst geschaffen worden war. Jede Person würde einen »gehetzten, ausweichenden Blick des Misstrauens« an den Tag legen, hielten Beamte sie regelmäßig am helllichten Tag an. Angesichts einer solchen Behandlung ist dies die einzige natürliche Reaktion. Die Praxis der französischen Polizei veranlasste die Kolonialbevölkerung, sich so zu verhalten, wie es dem Stereotyp entsprach. Fanon fasst die Situation zusammen: »Es ist der Rassist, der die Erniedrigten hervorbringt.«[6]

***

In den Vereinigten Staaten existiert ihrerseits eine lange Liste von Maßnahmen, die Vorurteile nähren und sie als real erscheinen lassen. Die Struktur der Polizeiarbeit und der Verhaftungen sowie die diesbezüglichen Reaktionen der Weißen sind von zentraler Bedeutung, um zu erklären, wie die rassistisch motivierte, massenhafte Inhaftierung von Afroamerikanern negative Gruppenstereotype konstruiert und scheinbar legitimiert. Die Wahrscheinlichkeit, im Laufe des Lebens mindestens einmal ins Gefängnis zu müssen, liegt in den USA für schwarze Männer bei 1:3, für weiße bei 1:17. Aber die Tragik dieser Statistik endet nicht mit der Freilassung einer inhaftierten Person. Diejenigen, die einen Gefängnisaufenthalt hinter sich haben, stehen vor erschreckend schwierigen Beschäftigungsaussichten. Auf Arbeitgeber wirkt diese Phase ihres Lebens wie ein Schandmal. In einer Studie aus dem Jahr 2003, die die verheerenden Auswirkungen einer zurückliegenden Inhaftierung auf die Arbeitssuche beleuchtet, schreibt die Soziologin Devah Pager von der Harvard University, dass der Gefängnisaufenthalt für den Einzelnen zu einem Etikett wird, ähnlich wie bei Hochschulabsolventen oder Sozialhilfeempfängern:

> *Die mit einem Vorstrafenregister verbundene »Negativ-Qualifikation« stellt einen einzigartigen Klassifizierungsmechanismus dar, da es hier der Staat ist, der bestimmte Personen in einer Weise auszeichnet, die sie für Diskriminierung oder soziale Ausgrenzung qualifiziert.*[7]

In ihrer bahnbrechenden Arbeit stellte Pager fest, dass frühere Inhaftierungen erhebliche Auswirkungen auf die Beschäftigungschancen haben. Sie setzte zwei Teams aus Testpersonen ein, eines mit zwei schwarzen Männern und eines mit zwei weißen Männern, die alle ein ähnliches äußeres Erscheinungsbild sowie einen ähnlichen Lebenslauf aufwiesen. Je einer von ihnen sollte jedoch eine 18-monatige Haftstrafe wegen Kokainhandels hinzufügen. Wöchentlich wechselte das »vorbestrafte« Mitglied. Beide Teams bewarben sich gemeinsam um Einstiegspositionen in Milwaukee, Wisconsin.

Bei den Weißen verringerte ein Gefängnisaufenthalt die Wahrscheinlichkeit eines zweiten, ausführlichen Vorstellungsgesprächs um 50 Prozent: Pagers weiße Kandidaten, die keine Vorstrafen angegeben hatten, erzielten diesbezüglich eine Quote von 34 Prozent, wohingegen ihre weißen Kandidaten, die eine Vorstrafe angegeben hatten, auf eine Quote von 17 Prozent kamen. Die schwarzen Bewerber mit sehr ähnlichen Lebensläufen erzielten lediglich eine Quote von 14 Prozent, wenn sie keine Vorstrafen angegeben hatten – was darauf hindeutet, dass schwarze Amerikaner ohne Vorstrafen bei der Suche nach einer Einstiegsposition bereits schlechter abschneiden als weiße Amerikaner mit Vorstrafe. Schließlich wurden nur 5 Prozent der schwarzen Bewerber, die Vorstrafen angegeben hatten, zu einem zweiten, ausführlichen Vorstellungsgespräch eingeladen. Laut Pagers Studie wirken sich sowohl die Ethnie als auch frühere Gefängnisaufenthalte stark negativ auf die Beschäftigungschancen aus. Kommt beides zusammen, verschlechtern sich diese dramatisch. Es ist somit davon auszugehen, dass steigende Inhaftierungsraten in der schwarzen Bevölkerung zu einem Anstieg der Arbeitslosigkeit innerhalb dieser Gruppe führen.

Die Stereotype von weißen gegenüber schwarzen Amerikanern als faul und gewalttätig gehen auf die Anfänge der Vereinigten Staaten zurück, als diese Attribute regelmäßig zur Rechtfertigung der Sklaverei verwendet wurden. Nach deren Ende kamen die gleichen Vorurteile zum Einsatz, um die ebenso brutale Praxis der Verpachtung von Strafgefangenen zu rechtfertigen, bei der man große Teile der schwarzen Gemeinschaften des ehemaligen Antebellum-Südens wegen Bagatelldelikten festnahm und zur Zwangsarbeit an Eisen-, Stahl- und Kohleunternehmen vermietete – oftmals mit tödlichen Folgen.[8] Die Mechanismen, die der rassistisch motivierten Masseninhaftierung schwarzer Amerikaner zugrunde liegen, sind

Teil einer langen Tradition der Rechtfertigung von Stereotypen über diese Minderheit als faul, also unfähig, weil angeblich unwillig, Arbeit zu finden.

In den 1960er-Jahren reagierten die Regierungen Kennedy und Johnson auf die Bürgerrechtsbewegung, indem sie Berufsausbildungs- und Armutsbekämpfungsprogramme mit Strafrechtsmaßnahmen zur Verbrechensbekämpfung kombinierten. Als Richard Nixon 1968 für das Amt des Präsidenten kandidierte, nutzte er die Unruhen in den Städten, um das Thema der sozialen Gerechtigkeit durch Recht und Ordnung zu ersetzen. Er tat dies zu einer Zeit, als die Inhaftierungsrate trotz der bisweilen angespannten Lage in den Ballungsräumen insgesamt zurückging. Die Historikerin Elizabeth Hinton schreibt:

> *Als Richard Nixon 1969 sein Amt antrat, erbte er ein Strafvollzugssystem, das die Anzahl Gefangener abbaute. In den 1960er-Jahren kam es zum größten Rückgang der Anzahl von Gefängnissen auf Bundes- und Staatsebene in der Geschichte des Landes: 1969 gab es 16500 Gefangene weniger als 1950. Trotz dieses Trends zur Entlassung von Gefangenen begann der Bund unter der Ägide der Nixon-Regierung in noch nie dagewesenem Tempo mit dem Bau neuer Gefängnisse.*[9]

Indem sie die Aufmerksamkeit der Nation auf Recht und Ordnung lenkte, konnte sich die Nixon-Regierung erfolgreich dafür einsetzen, Johnsons Programme zur Berufsausbildung und Armutsbekämpfung fallenzulassen und sich stattdessen auf strafrechtliche Maßnahmen gegen die Kriminalität zu konzentrieren, insbesondere in den von Afroamerikanern bewohnten städtischen Zentren. Hinton und andere liefern gute Gründe für die Annahme, dass Nixon und sein Kabinett sich sehr wohl darüber im Klaren waren, dass ihre Politik zu einer drastischen Zunahme von Inhaftierungen schwarzer Bürger führen wird. In der umfangreichen Literatur zu den Ursachen der Krise gibt es zwar Unstimmigkeiten und offene

Fragen; unbestritten ist allerdings, dass die Kombination einer harten, strafverschärfenden Kriminalitätspolitik gegen schwarze Gemeinschaften in Kombination mit drastischen Kürzungen bei den Sozialprogrammen tragische Konsequenzen und ein sich selbst verstärkendes Muster von wiederholten Stereotypen nach sich gezogen hat. Neben dem eindeutigen Zusammenhang zwischen einem Gefängnisaufenthalt und der Schwierigkeit, einen Arbeitsplatz zu finden, hat das Zusammenspiel eines stark reduzierten Sicherheitsnetzes und schwacher Beschäftigung mit politischen Maßnahmen, die Bestrafung über Prävention und Rehabilitation stellen, zu hartnäckig hohen Arbeitslosenquoten in der schwarzen Bevölkerung geführt. Anstatt die wahren Ursachen zu benennen, können Politiker, die sich faschistischer Taktiken bedienen, mit Blick auf diese Gruppe von einer Krise der Faulheit sprechen, durch die sich die generationenübergreifende Armut vermeintlich erklären lasse. Doch die negative Eigenschaft sei angeblich »heilbar«, indem man die Betroffenen durch weitere sozialstaatliche Kürzungen zu »harter Arbeit« zwinge. In Anbetracht der Tatsache, dass Weiße keine schwarzen Männer einstellen, insbesondere keine ehemals inhaftierten, verfestigen sich derartige Muster von Erwerbslosigkeit weiter – und halten damit ein unzutreffendes Vorurteil aufrecht, das für die faschistische Politik hochgradig nützlich ist.

In den 1970er-Jahren waren die Auswirkungen dieses Katalogs an unterschiedlichen politischen Maßnahmen noch unbekannt. Damals konnte man die Meinung vertreten, dass drastische Strafmaßnahmen zur Verbrechensbekämpfung besser seien als nichts, um anhaltende soziale Probleme wie Gewalt und Arbeitslosigkeit zu bewältigen. Inzwischen wissen wir aber, dass eine auf Minderheiten abzielende, aggressive Kriminalstrategie und reduzierte Sozialleistungen katastrophale Folgen zeitigen. Jahrelang wurde in den Medien auf die Konsequenzen der Politik hingewiesen, die aus der »rigorosen Verbrechensbekämpfung« der 1970er-, 1980er- und 1990er-Jahre hervorgegangen war –, was zu einer breiten und parteiübergreifenden Unterstützung für das Umschwenken von schweren Strafen zu Sozialprogrammen geführt hat. Mit diesem Wandel ist jedoch kein Bewusstsein dafür einhergegangen, dass die zugrundeliegenden Motive für die Rhetorik und die Politik der harten Verbrechensbekämpfung faschistisch waren und dazu intendiert, eine Dichotomie von »uns« gegen »sie« zu etablieren sowie bestehende hierarchische Stereotypen zu verstärken.

Von daher sollte es die amerikanische Öffentlichkeit beunruhigen, dass die Mitglieder der Republikanischen Partei – einschließlich des ehemaligen Präsidenten Donald Trump und seiner Regierung – bereits während der letzten Legislaturperiode einiges dafür getan haben, den ohnehin schon maroden US-Sozialstaat zu beseitigen und parallel das Strafrechtssystem erheblich zu verschärfen. Man mag sich kaum auszumalen, wie weit sie damit in einer weiteren Amtszeit kommen würden. Nachdem die Medien über Jahre hinweg auf die Folgen dieser Politik aufmerksam gemacht haben, kann nun niemand mehr guten Gewissens behaupten, er wisse nichts von den Auswirkungen derartiger Maßnahmen: auf schwarze Amerikaner einerseits wie auch auf die rassistischen Einstellungen der Weißen anderseits. Um zu jener gescheiterten Strategie zurückzukehren, bedarf es einer ausgeprägten Ignoranz gegenüber den Tatsachen, die der Philosoph Lewis Gordon von der University of Connecticut als »schlechte Absicht« bezeichnet.[10] Wie gezeigt, ist diese für faschistische Regime charakteristisch. Am Beispiel der Haltung von US-Entscheidungsträgern zur Kriminalitätspolitik und zu sozialen Wohlfahrtsprogrammen lässt sich ablesen, dass die vorsätzliche Ignoranz einen unausgesprochenen Zweck verfolgt: nämlich die Bedingungen zu schaffen, unter denen rassistische Vorurteile gedeihen können, sodass Politiker weiterhin in der Lage sind, faschistische Taktiken für ihre Wahlerfolge einzusetzen.

***

Ein Hemmschuh für die oben beschriebene Spaltung in »wir« und »sie« ist die Einigkeit und Empathie innerhalb von Klassengrenzen, wie man sie in funktionierenden Gewerkschaften vorfindet. Dort identifizieren sich weiße Bürger der Arbeiterklasse mit schwarzen Bürgern der Arbeiterklasse, anstatt sie zu verachten. Faschisten wissen, wie wirksam diese Solidarität ist, wenn es darum geht, sich gegen eine Politik der Spaltung zu wehren; deshalb versuchen sie, die Gewerkschaften um jeden Preis zu zerschlagen. Trotz ihrer Verurteilung der »Eliten« ist die faschistische Politik stets bestrebt, die Bedeutung des Klassenkampfes zu minimieren.

Gewerkschaften repräsentieren den bedeutendsten Mechanismus, den Gesellschaften erfunden haben, um Menschen zu verbinden, die sich in diversen Bereichen unterscheiden. Sie sind Orte der Zusammenarbeit, der Gemeinschaft und der Lohngleichheit sowie Institutionen, die Schutz vor den Wechselfällen des Weltmarktes bieten. In der faschistischen Ideologie müssen sie zerschlagen werden, damit die einzelnen Arbeiter auf dem weiten Meer des globalen Kapitalismus sich selbst überlassen und bereit sind, sich in die Abhängigkeit einer Partei oder eines Anführers zu begeben. Gewerkschaftsfeindlichkeit ist ein derart wichtiges Thema der faschistischen Politik, dass der Faschismus als solcher ohne entsprechendes Wissen nicht vollständig verstanden werden kann.

Im ersten Teil von *Mein Kampf* greift Hitler die Gewerkschaften wiederholt an. So schreibt er beispielsweise:

> *[Der Jude] wird allmählich zum Führer der Gewerkschaftsbewegung, und dies umso leichter, als es ihm nicht um eine wirkliche Behebung sozialer Schäden im ehrlichen Sinne zu tun ist, sondern um die Heranbildung einer ihm blind ergebenen wirtschaftlichen Kampftruppe zur Zertrümmerung der nationalen wirtschaftlichen Unabhängigkeit.*[11]

In dem Kapitel mit der Überschrift »Die Gewerkschaftsfrage« (was an »Die Judenfrage« erinnert) fährt er fort:

> *[D]er Marxismus hat aus ihr ein Instrument für seinen Klassenkampf gemacht. Er schuf die wirtschaftliche Masse, die der internationale*

Weltjude anwendet zur Zertrümmerung der wirtschaftlichen Basis der freien, unabhängigen Nationalstaaten, zur Vernichtung ihrer nationalen Industrie und ihres nationalen Handels […].[12]

Hitler prangert die Gewerkschaften an und behauptet, sie würden »die Leistungsfähigkeit der Wirtschaft und damit die Existenz der Gesamtheit behindern«.[13] Sein Aufruf lautet, sie so umzugestalten, dass sie nicht mehr den Klasseninteressen, sondern der Nation dienen.

Die Sorge um wirtschaftliche Unabhängigkeit und Effizienz war aber nur eine Maske für Hitlers eigentliche Feindschaft gegen die Gewerkschaften. Kapitel 10 von Hannah Arendts Klassiker aus dem Jahr 1951 mit dem Titel *Elemente und Ursprünge totaler Herrschaft* trägt die Überschrift »Der Untergang der Klassengesellschaft«. Darin argumentiert sie, der Faschismus setze eine »Atomisierung« der Individuen in einer Gesellschaft voraus; das heißt, dass diese ihre wechselseitigen Verbindungen über die gegebenen Unterschiede hinweg verlieren. Gewerkschaften bilden dagegen Brücken entlang von Klassenlinien und nicht mittels ethnischer oder religiöser Zugehörigkeiten. Dies sei der Hauptgrund, warum sie für die faschistische Ideologie solch ein rotes Tuch darstellen.

Es lassen sich aber noch weitere Motive anführen, warum es der Faschismus auf Gewerkschaften abgesehen hat. So verfängt dessen Politik dort am ehesten, wo große wirtschaftliche Ungleichheit herrscht. Die Forschung zeigt, dass Gewerkschaften das beste Mittel gegen die Entwicklung derartiger Verhältnisse sind. Wie der Harvard-Politologe Archon Fung hervorhebt, »zeichnen sich viele Gesellschaften mit geringer Ungleichheit zugleich durch eine hohe Mitgliederzahl in den Gewerkschaften aus«.[14] Dabei verweist er auf eine außergewöhnliche Statistik über Wohlstandsverteilung und Gewerkschaftsdichte in den OECD-Ländern (die Mehrzahl der stabilen Demokratien in Nordamerika und Europa) aus dem Jahr 2013. Fung merkt an, dass

> *Länder mit einem hohen gewerkschaftlichen Organisationsgrad eine geringe Einkommensungleichheit aufweisen (Dänemark, Finnland, Schweden und Island), und dass die Länder mit hoher Ungleichheit auch einen geringen gewerkschaftlichen Organisationsgrad aufweisen (die USA, Chile, Mexiko und die Türkei).*

In der Studie lag die Anzahl an Ländern mit ausgeprägter Ungleichheit trotz starker Partizipation in den Gewerkschaften bei null. Damit sind sie eine mächtige Waffe im Kampf gegen die Spaltung der Gesellschaft. Da der Faschismus unter Bedingungen wirtschaftlicher Unsicherheit gedeiht, wo Ängste und Ressentiments mobilisiert werden können, um die Bürger gegeneinander aufzuhetzen, schützen die Gewerkschaften davor, dass faschistische Politik Fuß fassen kann.

In den USA stand die ethnische Trennung schon von jeher der einigenden Kraft der Arbeiterbewegung entgegen, die historisch gesehen die Besitzer von Unternehmen und Fabriken im gleichen Maß unter Druck gesetzt hat wie deren Investoren. Kapitel 14 von W. E. B. Du Bois' *Black Reconstruction* trägt den Titel »Konterrevolution des Eigentums«. Darin beschreibt er, wie die während der Reconstruction entstandene Arbeiterbewegung

> *eine derartige Macht in die Hände der Arbeiter des Südens legte, dass sie mit einer klugen und selbstlosen Führung und einem klaren Ideal die wirtschaftlichen Grundlagen der Gesellschaft des Südens hätte wiederherstellen, den Reichtum konfiszieren und umverteilen und eine wirkliche Demokratisierung in der Produktion für die Masse der Menschen hätte errichten können.*[15]

Du Bois dokumentiert, wie die aufkommende Arbeiterbewegung des Südens von rassistischen Ressentiments zerrissen wurde, wobei arme Weiße befürchteten, ihren Platz in der sozialen Hierarchie oberhalb der kürzlich emanzipierten schwarzen Bürger zu verlieren. Daher vertritt er die These, dass die Industriellen des Nordens in Zusammenarbeit mit den alten weißen Machtstrukturen des Südens diese Ängste ausschlachteten, um jeden Hauch einer transethnischen Arbeiterbewegung zu zerschlagen, und damit auch das, was eine starke Kraft für wirtschaftliche Gleichheit gewesen wäre. Wo arme weiße Arbeiter keine Klassensolidarität mit armen schwarzen Arbeitern entwickeln können, greifen sie wieder auf die bekannten Muster der ethnischen Unterschiede und Ressentiments zurück.

Mittlerweile sind in 28 US-Bundesstaaten Gesetze zum »Recht auf Arbeit« verabschiedet worden; 2018 hat der Oberste Gerichtshof diese, zumindest für Angestellte des öffentlichen Dienstes, offiziell bestätigt. Solche Regelungen untersagen es den Gewerkschaften, Beiträge von Arbeitnehmern zu erheben, die sie nicht zahlen wollen; parallel werden sie verpflichtet, Nicht-Mitgliedern die gleiche gewerkschaftliche Vertretung und die gleichen Rechte zu gewähren. Damit soll ihnen der finanzielle Rückhalt entzogen werden. »Recht auf Arbeit« ist eine Orwell'sche Bezeichnung für eine Legislatur, die die Fähigkeit der Arbeitnehmer, Tarifverhandlungen zu führen, bedroht und sie ihrer Stimme beraubt. Nach der Verabschiedung derartiger Gesetze in den amerikanischen Arbeiterhochburgen des Mittleren Westens, Wisconsin und Michigan, schwenkte die Politik in beiden Bundesstaaten stark nach rechts, insbesondere während des rassistisch geprägten Präsidentschaftswahlkampfs 2016. Es lohnt sich, die Geschichte dieser Regelungen genauer zu untersuchen, um ihre Rolle bei der aktuellen ethnischen Spaltung zu verstehen.

»Recht-auf-Arbeit«-Gesetze wurden erstmals in den 1940ern im Bundesstaat Texas eingeführt. Ersonnen hatte sie ein Lobbyist namens Vance Muse in Reaktion darauf, dass die Gewerkschaften »die rassenbasierte politische Ökonomie der Region« in Frage stellten. Der Congress of Industrial Organizations (CIO) spaltete sich Mitte der 1930er-Jahre von der American Federation of Labor (AFL) ab, da dieser auf einer stärkeren Inklusion bestand, insbesondere der ungelernten Arbeitskräfte. Damit gab sich der CIO von Anfang an fortschrittlicher als die Organisation, aus der er entstanden war und der er sich später wieder anschloss, um die heutige AFL-CIO zu gründen. Wie der Dartmouth-Soziologe Marc Dixon feststellt, erwiesen sich die CIO-Gewerkschaften als »in der ethnischen Frage tendenziell progressiver als die AFL-Gewerkschaften [...] und in den frühen bis mittleren Vierzigern initiierten sie häufig Kampagnen zur Abschaffung der Kopfsteuer in den Südstaaten«.[16] Muse war damals Leiter der Christian American Association, einer Lobbyorganisation für Ölfirmen. Zutiefst rassistisch, antisemitisch und antikatholisch, verfolgte diese ihr gewerkschaftsfeindliches Programm mit dem bekannten faschistischen Prinzip, Panik vor Kommunisten zu schüren, die angeblich eine Gleichheit zwischen den Ethnien anstreben, um die weiße Vorherrschaft zu stürzen.

Vance Muse machte aus den rassistischen Motiven hinter den »Recht-auf-Arbeit«-Gesetzen keinen Hehl: »Von nun an werden weiße Frauen und weiße Männer gezwungen sein, sich mit schwarzafrikanischen Affen zu organisieren, die sie ›Bruder‹ nennen müssen, da sie andernfalls ihren Arbeitsplatz verlieren.« Im Jahr 1945 sagte er:

> *Sie nennen mich antijüdisch und anti-Nigger. Also, wir mögen den Nigger – aber an seinem Platz. Unser [Recht-auf-Arbeit-]Artikel hilft dem Nigger; er diskriminiert ihn nicht. Guten Niggern, nicht diesen kommunistischen Niggern. Juden? Wieso, einige meiner besten Freunde sind Juden. Gute Juden.*

Muse erklärte, er sei »ein Südstaatler und für die Vorherrschaft der Weißen«, und die christlichen Amerikaner »betrachteten den New Deal als Teil eines umfassenderen Angriffs des ›jüdischen Marxismus‹ auf das christliche freie Unternehmertum«.[17]

Die »Recht-auf-Arbeit«-Gesetze wurden ursprünglich in einer Sprache beworben, die ziemlich genau Hitlers Angriffe auf die Gewerkschaften in *Mein Kampf* widerspiegelt. Gleichwohl hat sich ihre Agenda, die explizit auf dem Wunsch gründet, die weiße »Rassenhierarchie« aufrechtzuerhalten und eine ethnien- und religionsübergreifende Solidarität zu verhindern, heute in den USA weitgehend durchgesetzt. Diese Politik ebnete den Weg für einen Präsidentschaftskandidaten, der einen weiß-nationalistischen Wahlkampf mit unverhohlener Nostalgie für die 1930er-Jahre führte, um in den einst stolzen Arbeiterstaaten des Mittleren Westens zum Sieg zu gelangen.

***

Die Bekämpfung von Gewerkschaften und die Diffamierung bestimmter Bevölkerungsgruppen als faul schaffen die Spaltungen, die für den Erfolg faschistischer Politik entscheidend sind. Aber warum bewirkt in dieser Denke gerade die Faulheit, dass man in der Hierarchie des gesellschaftlichen Wertes einen niederen Rang zugewiesen bekommt? Und warum unternehmen faschistische Politiker, obwohl sie ansonsten jeden erdenklichen Aspekt ihrer Zielgruppe glorifizieren, nicht den Versuch, die Klassenidentität zu nutzen, anstatt sie zu zerschlagen? Die Antwort findet sich im Sozialdarwinismus, der ihrer Ideologie zugrunde liegt.

Daher rührt nämlich die Vorstellung, dass das Leben im Grunde ein Kampf um Macht sei und dass die Verteilung gesellschaftlicher Ressourcen dem ungehinderten Wettbewerb des freien Marktes überlassen werden sollte. Faschistische Bewegungen verherrlichen die Ideale harter Arbeit, des privaten Unternehmertums und der Selbstgenügsamkeit. Für einen Sozialdarwinisten besteht ein lebenswertes Leben darin, dass man sich durch Mühe und Verdienst von anderen abgehoben und in einem erbitterten Wettbewerb überlebt hat. Wer im Konkurrenzkampf unterliegt, soll die gesellschaftlichen Güter und Ressourcen auch nicht genießen dürfen. Im Kontext einer Ideologie, die die Werthaftigkeit von Menschen anhand ihrer Produktivität bemisst, bietet Propaganda, die die Mitglieder einer Außenseitergruppe pauschal als faul darstellt, eine Möglichkeit, deren Platzierung auf einer niedrigeren Stufe der Hierarchie zu rechtfertigen.

Dieser Aspekt der faschistischen Ideologie erklärt auch die Einstellung der Nationalsozialisten zu Behinderten, die sie als »lebensunwertes Leben« bezeichneten. Da sich der Wert eines Menschen gemäß ihrer Weltanschauung aus seinem Beitrag zur Gesellschaft mittels Arbeit ergibt, galten diejenigen, die für ihr Überleben auf den Staat angewiesen waren, als wertlos. Faschistische Regierungen begingen einige der furchtbarsten Grausamkeiten, deren sich die Menschheit jemals schuldig gemacht hat. Das »Gesetz zur Verhütung erbkranken Nachwuchses« aus dem Jahr 1933 verlangte die Sterilisation aller Behinderten; später folgte das geheime T4-Programm, in dessen Rahmen sie vergast wurden, und schließlich erging 1939 auch der allgemeine Befehl an Ärzte zur »Euthanasie«.

Oftmals denken wir, dass der Faschismus anti-individualistisch sei und dass er seine Macht von homogenen Massen beziehe. Doch pries Hitler wiederholt sowohl den Wert des Einzelnen als auch das Ideal der Leistungsgesellschaft. Es ist die sozialdarwinistische Auffassung des Individuums, die der faschistischen Hierarchie Struktur verleiht und den Vorwurf der Faulheit erklärt. Im Faschismus werden Gruppen nach ihrer Fähigkeit beurteilt, Leistungen zu erbringen oder sich über andere zu erheben, sei es in der Arbeit oder im Krieg. Hitler verurteilte die liberale Demokratie, weil sie ein gegenläufiges Wertesystem verkörpert, das Menschen einen Wert ganz unabhängig von ihrem Sieg in einem natürlichen Kampf zuspricht; auch prangerte er sie als unvereinbar mit der Individualität an, da sie es dem einzelnen Bürger nicht gestatte, sich durch Konkurrenz über andere zu erheben. Die faschistische Vorstellung von individueller Freiheit ähnelt daher der libertären Vorstellung von individuellen Rechten – dem Recht auf Wettbewerb, aber nicht unbedingt auf Erfolg oder gar Überleben.

Die Doktrin des Wirtschaftslibertarismus definiert Freiheit auf eine ganz bestimmte Art und Weise, nämlich als Zugang zu einem fairen Austragungsort für den Wettbewerb, und zwar in Gestalt unregulierter, freier Märkte. Erweist man sich im Kampf als unterlegen, so ist man für seine Verluste selbst verantwortlich. Der Libertarismus verknüpft sowohl die Freiheit als auch die Tugend mit dem Wohlstand. Erstere müsse man sich gemäß diesen Grundsätzen »verdienen«, indem man unter Bedingungen der Konkurrenz Wohlstand erwirbt. Wer das nicht schafft, sei ihrer nicht würdig. Obwohl der Faschismus ein Bekenntnis zu gruppenspezifischen Werthierarchien enthält, das zum echten Libertarismus – der keine über das Individuum hinausgehenden Verallgemeinerungen kennt – in krassem Widerspruch steht, haben beide Weltanschauungen ein gemeinsames Prinzip, nach dem der Wert gemessen wird. Letztlich ist der Libertarismus das Antlitz, das der Sozialdarwinismus auf Dinnerpartys in Manhattan annimmt.

Bei den amerikanischen Präsidentschaftswahlen 2012 sprach der Kandidat auf das Amt des Vizepräsidenten Paul Ryan wiederholt davon, dass die amerikanische Gesellschaft in »Macher« und »Nehmer« unterteilt sei. Nach seiner Ansicht müsse man um jeden Preis eine Politik verfolgen, die die Zahl der »Macher« erhöhe und die Zahl der »Nehmer« verringere. Damals äußerte Ryan mehrfach die Befürchtung, dass sich die Vereinigten Staaten zu einer Gesellschaft mit zu wenigen »Machern« und zu vielen »Nehmern« entwickeln, einer Gesellschaft, in der Erstere »mehr Leistungen in Form von Dollars von der Bundesregierung erhalten, als sie an Steuern zurückzahlen«. Gemäß der Ideologie sind die »Macher« in der Gesellschaft aufgrund ihres Reichtums mehr wert als die »Nehmer«. Inzwischen hat Ryan dieses Vokabular aufgegeben, verfolgt aber weiterhin eine Politik, die eindeutig die Reichen auf Kosten der Armen begünstigt. Jene Amerikaner, die dazu neigen, den »Machern« und »Nehmern« beispielsweise unterschiedliche Hautfarben zuzuordnen, bewegen sich damit über den Libertarismus hinaus in Richtung Faschismus.

Zwar befürwortet der Libertarismus einerseits die individuelle Freiheit, auf uneingeschränkten Märkten zu konkurrieren, doch stützt er andererseits hierarchisch geordnete Unternehmen. Auch aus diesem Grund schätzt die faschistische Politik die libertäre Philosophie. Der Nationalsozialismus verstand, dass Arbeitsplätze in der Regel nach einer Rangordnung organisiert sind, mit einem allmächtigen Geschäftsführer oder Vorstandsvorsitzenden an der Spitze. Im Bereich der Privatwirtschaft (wie auch beim Militär) fand er eine vertraute autoritäre Struktur vor, die er für seine Zwecke propagandistisch instrumentalisieren konnte. In den Reden der Nationalsozialisten finden sich deutliche Anklänge an die Politik der heutigen amerikanischen Rechten, die staatliche Eingriffe mit dem Verlust der Freiheit in Verbindung bringen und in der Führung durch einen Geschäftsführer eine Tugend sehen.[18]

Hitler erkannte in der Privatwirtschaft Elemente, die mit seiner eigenen Ideologie übereinstimmten. Besonders das Prinzip der Meritokratie, wonach »der Tüchtige« für hervorragende Leistungen mit einer Führungsposition belohnt wird, gefiel ihm; die Starken sollten zu Recht über die Schwachen herrschen. In den Augen Hitlers unterstützte die Meritokratie das für den Nationalsozialismus überaus wichtige Führerprinzip. Private Arbeitsplätze sind hierarchisch geordnet, mit einer Befehlsstruktur, zu der ein Geschäftsführer oder Konzernchef gehört, der Anweisungen erteilt (die Tatsache, dass dieser einem Aufsichtsrat gegenüber Rechenschaft ablegen muss, ist ein Detail, das in der faschistischen Politik regelmäßig ignoriert wird). Hitler sah

> *zwei Prinzipien, die sich schroff gegenüberstehen: das Prinzip der Demokratie, das überall, wo es sich praktisch auswirkt, das Prinzip der Zerstörung ist. Und das Prinzip der Autorität der Persönlichkeit, das ich als das Leistungsprinzip bezeichnen möchte, weil alles, was überhaupt Menschen bisher leisteten, alle menschlichen Kulturen nur aus der Herrschaft dieses Prinzips heraus denkbar sind.*[19]

Zudem warnte er davor, dass eine demokratische Sphäre im Politischen und eine autoritäre Sphäre im Wirtschaftlichen eine instabile Mischung bilden, weil der Staat die Tendenz habe, mit seinen Vorschriften in die Unternehmen einzugreifen, die beiden Welten also nicht perfekt getrennt sind. Hitler unterstrich, dass die Industriellen die nationalsozialistische Bewegung unterstützen sollten, da die Wirtschaft bereits nach dem Führerprinzip arbeite. Gibt ein Geschäftsführer in einer privaten Firma Anweisungen, so müssen die Mitarbeiter sie befolgen; für eine demokratische Kontrolle sei dabei kein Raum. Genau in diesem Sinn sollte der Führer in der Politik wie der Vorstandsvorsitzende eines Unternehmens funktionieren.

Hitler hatte kein Verständnis für Vorschriften zum Schutz von Verbrauchern oder Arbeitnehmern; ebenso wenig wie für den Schutz, den Wohlfahrtsverbände oder Gewerkschaften bieten. Denn die Grundlage des Engagements für ein großzügiges System der Sozialfürsorge ist Ausdruck des Glaubens an den grundlegenden Wert eines jeden Bürgers. Liberale Demokraten stellen nicht »Macher« und »Nehmer«, die um gesellschaftlichen Wert konkurrieren, gegeneinander; ein ausgeprägter Sozialstaat vereint eine Gemeinschaft in wechselseitiger Fürsorge, anstatt sie in Fraktionen zu spalten, die für Demagogen empfänglich sind. Schließlich bringen Gewerkschaften Beschäftigte mit unterschiedlichen ethnischen und religiösen Hintergründen, geschlechtlichen Identitäten und sexuellen Orientierungen zusammen, um gemeinsame Ziele zu verfolgen und für bessere Arbeitsbedingungen zu streiten.

Zu einem gewissen Grad sind alle menschlichen Institutionen mit Mängeln behaftet, so auch die Sozialsysteme und die Gewerkschaften. Doch wer diese kritisiert, sollte sich gleichzeitig fragen, was wir ohne sie verlieren würden. Das gemeinsame Eintreten für bessere Lebensbedingungen führt uns auf eine Art und Weise zusammen, die es uns ermöglicht, trotz Unterschieden in Aussehen, ethnischer Zugehörigkeit, Religion, körperlicher Fähigkeit, sexueller Orientierung und Geschlecht eine geteilte Menschlichkeit zu bewahren. Leider müssen wir uns immer wieder vor Augen führen, dass wir alle – ob wir nun schwarz oder weiß, geschlechtsuntypisch oder -konform, Frau oder Mann, Christ, Muslim, Jude, Hindu oder Atheist sind – freie Wochenenden, etwas zum Essen sowie Zeit und Unterstützung für die Pflege unserer alternden Eltern benötigen. So fehlerhaft die Institutionen und Politiken, die uns unser demokratisches Ethos verleihen, auch sein mögen – ohne sie droht einer liberalen Demokratie der Zusammenbruch.

Hitler hatte nicht ganz unrecht, dass in einer Gesellschaft mit einem partizipativen politischen System und einer auf privaten Unternehmen basierenden Wirtschaft, die nach hierarchischen Grundsätzen organisiert ist, ernsthafte Spannungen bestehen. Viele von uns leben in einer solchen Gesellschaft und müssen daher mit den Dissonanzen auskommen, die aus dem Konflikt zwischen den beiden Normensystemen herrühren. Die Arbeiterbewegung hat das Wochenende, den Achtstundentag und viele andere Siege errungen, von denen keiner trivial, aber letztlich auch keiner transformierend gewesen ist. Hitler erkannte korrekt, dass es in einer demokratischen Gesellschaft Spannungen zwischen den unterschiedlichen Praktiken und Strukturen von Familien, Arbeitsplätzen, staatlichen Stellen und der Zivilgesellschaft gibt. Der Faschismus verheißt, dieses Problem durch die Beseitigung der Dissonanzen zu lösen. Stattdessen sollen alle Institutionen, von der Familie über das Unternehmen bis zum Staat, nach dem Führerprinzip funktionieren. Nach der faschistischen Ideologie ist der Vater das Oberhaupt der Familie, der Geschäftsführer der Chef des Unternehmens und der autoritäre Führer der Vater oder der Geschäftsführer des Staates. Wenn sich die Wähler einer demokratischen Gesellschaft nach einem Firmenboss wie Trump als Anführer sehnen, bringen sie damit ihre impliziten autoritären Impulse zum Ausdruck.

Die faschistische Politik übt eine besondere Anziehungskraft aus. Sie simplifiziert die menschliche Existenz, indem sie uns ein Objekt, ein »Sie« bietet, dessen vermeintliche Faulheit unsere eigene Tugend und Disziplin herausstellt; sie verleitet uns zur Identifikation mit einem starken Anführer, der uns die Welt erklärt, und dessen Schonungslosigkeit gegen die »Unwürdigen« erfrischend wirkt. Wenn die Demokratie wie ein erfolgreiches Unternehmen aussieht, ist es doch umso besser, dass der Chef mit harten Bandagen kämpft, sich wenig um demokratische Institutionen schert und sie sogar verunglimpft. Faschistische Politik nutzt jene menschliche

Schwäche aus, die unser eigenes Leid halbwegs erträglich macht, solange wir nur wissen, dass diejenigen, auf die wir herabsehen, noch mehr leiden müssen.

Es kann durchaus frustrierend sein, in einem Staat zu leben, der über ein demokratisches Regierungssystem, eine nichtdemokratische, hierarchische Wirtschaft und eine reiche, komplexe Zivilgesellschaft verfügt, in der etliche Organisationen, Verbände und gesellschaftliche Gruppierungen unterschiedliche Visionen von einem guten Leben verfolgen. Bürger in einer Demokratie zu sein erfordert ein gewisses Maß an Empathie, Verständnis und Wohlwollen, das aufrechtzuerhalten uns allen sehr viel abverlangt. Es gibt bequemere Lebensweisen.

So können wir etwa unsere öffentliche Teilhabe auf den Konsum reduzieren, indem wir unsere Arbeit als das ansehen, was wir tun müssen, um mit Geld in der Tasche auf den globalen Markt zu gehen – frei, um dort allerlei Zeug zusammenzukaufen, mit dem wir uns eine Identität als Verbraucher schaffen.

Alternativ können wir uns global ausrichten und unser Selbstverständnis erweitern, indem wir die Welt bereisen und ihre Kulturen und Schönheiten würdigen, sowohl die Menschen, die in den Flüchtlingslagern der Welt leben, als auch die Bewohner von Kleinstädten in Iowa als unsere Nachbarn betrachten und gleichzeitig eine Verbindung zu unseren eigenen lokalen Traditionen und Pflichten aufrechterhalten.

Allerdings ist die Umsetzung dieser vereinnahmenden Vision eines Selbst, das sich durch Zeit und Kultur bewegt, unter den Bedingungen krasser wirtschaftlicher Ungleichheit äußerst problematisch. Sie erfordert tiefschürfende Erfahrungen im Umgang mit menschlichen Unterschieden jedweder Art, vielleicht sogar eine Bildung, die umfassend, klug und der säkularen Wissenschaft ebenso verpflichtet ist wie der poetischen Wahrheit. Wenn es in den USA eines kompletten Familieneinkommens bedarf, um ein Kind ein Jahr lang an einer guten Universität unterzubringen, dann müssen wir uns fragen, wer von uns am Ende ein Mitglied dieser erfolgreichen und aufgeschlossenen Bürgerschaft sein wird. Sind Hochschulen derart teuer wie in den Vereinigten Staaten, fallen ihre großzügigen liberalen Visionen leicht faschistischer Demagogie zum Opfer. Wo die Vorteile einer liberalen Bildung und der Kontakt mit unterschiedlichen Kulturen und Normen nur wenigen Wohlhabenden zur Verfügung stehen, kann Toleranz ohne Weiteres als elitäres Privileg ausgelegt werden. Ungleichheit schafft Bedingungen, die der faschistischen Demagogie überaus förderlich sind. Zu glauben, dass liberal-demokratische Normen unter solchen Bedingungen gedeihen können, ist ein Hirngespinst.

Epilog

Die Mechanismen der faschistischen Politik bauen allesamt aufeinander auf und stützen sich gegenseitig. Sie weben den Mythos einer klaren Trennung zwischen »uns« und »ihnen«. Dieser beruht auf einer romantisierten, fiktiven Vergangenheit, in der »sie« nicht vorkommen, und wird durch den Groll auf eine vermeintlich korrupte liberale Elite gestützt, die sich unser hart erarbeitetes Geld nimmt und unsere Traditionen bedroht. »Sie« sind faule Kriminelle, die mit der Freiheit nichts anzufangen wissen (und die sie ohnehin nicht verdienen). »Sie« maskieren ihre zerstörerischen Ziele mit der Sprache des Liberalismus oder der »sozialen Gerechtigkeit« und sind darauf aus, »uns« schwach zu machen, indem sie unsere Kultur und Traditionen zerstören. »Wir« sind fleißig, gesetzestreu und haben uns unsere Freiheiten durch Arbeit redlich verdient; »sie« sind arbeitsscheu, pervers, korrupt und dekadent. Faschistische Politik operiert mit Wahnvorstellungen, die diese Art von falschen Unterscheidungen zwischen »uns« und »ihnen« zuallererst schaffen, ungeachtet der offensichtlichen Realitäten.

Manche Leser werden sich vielleicht darüber beschweren, dass meine Argumente überzogen oder die aktuellen Beispiele nicht extrem genug sind, um sie mit den Verbrechen der Vergangenheit zu vergleichen. Aber die Gefahr einer Normalisierung des faschistischen Mythos besteht. Es ist verlockend, »normal« für unbedenklich zu halten – wenn die Dinge normal sind, gibt es schließlich keinen Grund zur Sorge. Jedoch belegen sowohl die Geschichte als auch die Psychologie, dass man unseren Urteilen diesbezüglich nicht immer trauen kann. In »Part Statistical, Part Evaluative« (»Teils statistisch, teils wertend«) – einer 2017 in der Zeitschrift

Cognition erschienenen Arbeit – zeigen der Yale-Philosoph Joshua Knobe und sein Psychologie-Kollege Adam Bear von der gleichen Universität, dass Einschätzungen zur Normalität sowohl von dem beeinflusst werden, was die Menschen für statistisch unauffällig halten, als auch von dem, was sie als ideal, also als gesund und angemessen, empfinden (zum Beispiel die Anzahl der Stunden, die sie pro Tag fernsehen).[1] In einem Artikel für die *New York Times* (Sunday Review) wenden sie ihre Schlussfolgerungen auf unsere Urteile über die Gesellschaft an und stellen fest, dass Trumps Verhalten – insbesondere Taten und Reden, die früher als merkwürdig galten – reale und beunruhigende Konsequenzen hat: »Diese Handlungen werden nicht nur zunehmend als typisch angesehen, sondern auch als normal. Infolgedessen werden sie als weniger schlecht und damit weniger empörend betrachtet.«[2]

Knobe und Bears Arbeit liefert eine Erklärung für ein Phänomen, das diejenigen, die den Übergang von der Demokratie zum Faschismus miterlebt haben, regelmäßig aus eigener Erfahrung und mit großer Besorgnis betonen: die Tendenz von Bevölkerungen, das vormals Undenkbare zu normalisieren. Dies ist ein zentrales Thema der 1957 erschienenen Memoiren meiner Großmutter Ilse Stanley, *Die Unvergessenen*. Sie blieb bis zum letztmöglichen Moment, im Juli 1939, in Berlin, um im Untergrund weiterarbeiten zu können. Von 1936 bis zur Reichskristallnacht wagte sie sich, als Nazi-Sozialarbeiterin verkleidet, in das Konzentrationslager Sachsenhausen und rettete dort, einen nach dem anderen, hunderte Juden vor dem Tod. In ihrem Buch schildert sie das Missverhältnis zwischen den extremen Zuständen, die sie im Konzentrationslager erlebte, einerseits und der Leugnung des Ernstes der Lage und ihrer Normalisierung durch die jüdische Gemeinde in Berlin andererseits. Sie bemühte sich, ihre Nachbarn von der Wahrheit zu überzeugen:

> *Für Außenstehende war ein Konzentrationslager eine Art Arbeitslager. Hinter vorgehaltener Hand wurde gemunkelt, dass Menschen dort geschlagen und sogar getötet wurden. Aber es fehlte an Verständnis für*

die dramatische Realität von alledem. Noch konnten wir das Land verlassen, noch konnten wir in unseren Häusern leben, noch konnten wir in unseren Gotteshäusern beten; wir befanden uns in einem Ghetto, aber die meisten von uns waren noch am Leben.
Für einen durchschnittlichen Juden schien das genug zu sein. Er bemerkte nicht, dass wir alle auf das Ende warteten.
Es war das Jahr 1937.

Schon zu meinen Lebzeiten haben wir mit der rasanten Entwicklung rassistisch motivierter Masseninhaftierungen eine Normalisierung extremer Politik erfahren. Zuletzt sind Amokläufe in den Vereinigten Staaten auf traurige Weise Alltag geworden. Ungarn, Polen und Italien stellen anschauliche Beispiele für die rapide Machtübernahme des Faschismus dar. Derzeit erleben wir, wie Regierungen weltweit die brutale Behandlung von Flüchtlingen und Arbeitern ohne Papiere zur gängigen Praxis erklären. In den USA hat Donald Trumps verschärfter Feldzug gegen die Einwanderung dazu geführt, dass zahllose Menschen in anonyme, privat geführte Internierungslager verbracht und vor den Augen der Öffentlichkeit versteckt gehalten werden.

Mit der Normalisierung wird das moralisch Außergewöhnliche in das Gewöhnliche verwandelt. Sie versetzt uns in die Lage, das zu tolerieren, was einst unerträglich war, indem sie den Anschein erweckt, dass die Dinge schon immer so gewesen sind. Hingegen hat das Wort »faschistisch« die Anmutung des Extremen angenommen und funktioniert wie eine Art Alarmruf. Die Normalisierung der Ideologie würde per Definition den Vorwurf des »Faschismus« als Überreaktion erscheinen lassen, und zwar selbst in Gesellschaften, deren Normen sich in diese besorgniserregende Richtung verändern. Schließlich bedeutet der Begriff, dass die Leute heraufziehende ideologisch extreme Zustände nicht mehr als solche erkennen, weil sie normal geworden sind. Der Vorwurf des Faschismus wird immer extrem klingen; Normalisierung heißt, dass sich die Maßstäbe für die legitime Verwendung der drastischen

Terminologie ständig verschieben. Dass sich unser Gefühl für das Normale – und unser entsprechendes Urteilsvermögen – langsam wandelt, bedeutet zwar nicht, dass der Faschismus bereits über uns gekommen ist, sehr wohl aber, dass die Intuition, der Vorwurf gehe zu weit, keine ausreichende Begründung darstellt, das Wort nicht zu verwenden. Argumente gegen das Vordringen faschistischer Politik bedürfen vielmehr eines spezifischen Verständnisses ihrer Bedeutung und der Taktiken, die unter ihren Begriff fallen.

Diejenigen auf der Welt, die derzeit faschistische Taktiken für politische Zwecke einsetzen, verfolgen damit unterschiedliche Ziele. Zumindest gegenwärtig scheint es nicht so, als wollten sie ihre Bevölkerung zum Kampf um die Weltherrschaft mobilisieren, wie es beispielsweise Hitler intendiert hatte. Stattdessen finden sich, wenngleich die Absichten verschieden sind, geteilte Aspekte im faschistischen Denken und in der faschistischen Politik, die synergetisch wirken. Da ich Amerikaner bin, muss ich anmerken, dass wenigstens hierzulande ein Ziel darin besteht, diese Taktiken heuchlerisch einzusetzen und das Banner des Nationalismus vor weißen Bürgern aus der Mittel- und Arbeiterklasse zu schwenken, um die Staatseinnahmen in die Hände von Oligarchen zu schleusen. Parallel versichern die Politiker ihren Anhängern, wie schon zu Zeiten der Jim-Crow-Ära, dass die nationale Identität, die auf unterschiedliche Weise definiert wird, einen Status und eine Würde verleiht, die »unbezahlbar« sind.

Die faschistische Politik lockt ihr Publikum mit dem Versprechen der Freiheit von demokratischen Normen und verschleiert dabei die Tatsache, dass die vorgeschlagene Alternative weder eine Form der Freiheit ist, die einen Staat trägt, noch eine solche, die die individuellen Rechte ihrer Bürger zu garantieren vermag. Ein ethnischer, religiöser oder nationaler Konflikt zwischen »uns« und »ihnen« kann schwerlich auf Dauer stabil bleiben. Und selbst wenn der Faschismus dazu in der Lage wäre, einen Staat aufrechtzuerhalten – würde es sich dabei um eine vernünftige politische Gemeinschaft handeln, ein anständiges Land, in dem unser Nachwuchs zu einfühlsamen Menschen heranwächst? Sicherlich ist es möglich, Kindern das Hassen beizubringen, aber als eine Komponente der Sozialisation hätte dies unabsehbare Folgen. Sollte man ernsthaft wollen, dass das Selbstverständnis der nächsten Generation auf dem Gedanken der Ausgrenzung anderer beruht?

In Anbetracht des unausweichlich voranschreitenden Klimawandels und seiner Auswirkungen, der oben beschriebenen politischen und sozialen Instabilität unserer Zeit sowie der Spannungen und Konflikte, die mit der zunehmenden globalen wirtschaftlichen Ungleichheit einhergehen, sehen wir uns in Kürze mit grenzüberschreitenden Bewegungen benachteiligter Menschen konfrontiert, die diejenigen früherer Epochen – wenn man von den Flüchtlingsbewegungen im Zweiten Weltkrieg absieht – in den Schatten stellen werden. Traumatisierte, verarmte und hilfsbedürftige Flüchtlinge, einschließlich legaler Einwanderer, werden von Anführern und Bewegungen, die sich der Aufrechterhaltung hierarchischer Gruppenprivilegien und faschistischer Politik verschrieben haben, so hingebogen, dass sie rassistischen Stereotypen entsprechen. Zahlreiche umsichtige Bürger auf der ganzen Welt glauben, dass dieser Prozess bereits im Gange ist. Unter faschistischer Regie wird die Geschichte der Flüchtlinge – das Leben in Lagern, die angst- und konfliktgetriebene Reise dorthin, die Hoffnungslosigkeit, die mit einem längeren Aufenthalt einhergeht – als Quelle von Terrorismus und Gefahr gezeichnet, statt Empathie zu erzeugen. Um sicherere Existenzbedingungen zu finden, müssen diese Menschen unsägliche Schrecken durchstehen. Dass selbst sie noch als fundamentale Bedrohung dargestellt werden können, zeugt von der irreführenden Macht des faschistischen Mythos.

Im vorliegenden Buch habe ich versucht, die Struktur des Faschismus zu durchleuchten, damit er erkannt und bekämpft werden kann. Die Aufgaben, die vor uns liegen, sind enorm. Wie sollen wir unsere Menschlichkeit bewahren, wenn Angst und Unsicherheit uns auf der vergeblichen Suche nach einem kleinen Rest Selbstwertgefühl in die tröstenden Arme mythischer Überlegenheit treiben? Die Gegenwart steht vor quälenden Fragen. Gleichwohl können wir uns mit der Geschichte fortschrittlicher sozialer Bewegungen trösten, denen es in der Vergangenheit trotz anhaltenden Widrigkeiten und harter Kämpfe gelungen ist, Empathie zu wecken.

An den unmittelbaren Angriffspunkten der faschistischen Politik – Flüchtlinge, Feminismus, Gewerkschaften, ethnische, religiöse und sexuelle Minderheiten – lassen sich die Methoden ablesen, mit denen sie uns spalten wollen. Dabei dürfen wir jedoch nie vergessen, dass das Hauptziel der faschistischen Politik ihr Publikum ist; das heißt diejenigen, die sie in ihren trügerischen Bann ziehen und in einen Staat einbinden will, in dem jede Person, der noch Menschenwürde zugesprochen wird, in zunehmendem Maße an einem Massenwahn leidet. Diejenigen, die nicht zu diesem Publikum gehören und denen ein solcher Status verwehrt bleibt, warten in den Lagern der Welt als Strohmänner und -frauen darauf, in die Rolle von Vergewaltigern, Mördern und Terroristen gedrängt zu werden. Indem wir uns weigern, uns von faschistischen Mythen betören zu lassen, bleiben wir frei, uns aufeinander einzulassen, jeder von uns mit seinen Fehlern, seinem unvollkommenen Verstand, Erfahrungsschatz und Wissen – aber wir sind keine Teufel.

Danksagungen

Meine Mutter, Sara Stanley, und mein Vater, Manfred Stanley, kamen als Flüchtlinge in die Vereinigten Staaten, nachdem sie die Schrecken des Antisemitismus in West- und Osteuropa durchgemacht hatten. Mein Vater erlebte die Kristallnacht zehn Tage vor seinem sechsten Geburtstag. Meine Mutter stammt aus Ostpolen und überlebte in einem sibirischen Arbeitslager, bevor sie 1945 nach Warschau zurückgeschickt wurde, wo sie und ihre Eltern die Brutalität des polnischen Nachkriegsantisemitismus erfuhren. Ich bin auch mit dem Vermächtnis meiner Großmutter Ilse Stanley aufgewachsen, deren Erinnerungen an die 1930er-Jahre in Berlin in diese Seiten einfließen. Durch meinen familiären Hintergrund bin ich mit einem komplexen emotionalen Gepäck beladen. Zugleich hat er mich aber auch maßgeblich darauf vorbereitet, dieses Buch zu schreiben, das freilich nicht nur in Europa verankert ist.

Zu meinen wichtigsten intellektuellen Einflüssen gehört meine Stiefmutter, Mary Stanley. Sie trat früh in mein Leben und machte mich mit der amerikanischen Geschichte vertraut. Ihr verdanke ich es, dass ich schon in jungen Jahren etwas über die Abschaffung der Sklaverei, die Geschichte der Arbeiterbewegung und vor allem über die Bürgerrechtsbewegung erfuhr, an der sie als Studentin teilgenommen hatte. Ohne Übertreibung kann man sagen, dass die Ansichten meiner Mutter und meines Vaters pessimistisch waren – ein emotionales Erbe, mit dem ich zu kämpfen habe, wobei ich gleichzeitig versuche, es nicht an die nächste Generation weiterzugeben. Mary erinnerte mich stets daran, zehn Prozent für die Hoffnung übrig zu lassen; in genau solchen Momenten spricht ihre Stimme aus den Seiten dieses Buches. Außerdem hat sie mehrere Entwürfe sorgfältig gelesen, und bestimmte Abschnitte sind im Wesentlichen das Ergebnis ihrer Kommentare. Ich bin überaus glücklich, sie in meinem Leben zu wissen, und ihr zu großem Dank verpflichtet.

Mary war nicht die einzige Stimme, die mir half, die zentrale Bedeutung der US-Geschichte für den Faschismus zu erkennen. Ich habe das große Glück, enge Freunde zu haben, wie die Historikerin Donna Murch und die Philosophin Kristie Dotson, die sich mit großer Geduld mit mir darüber unterhielten, wie der Rassismus in den Vereinigten Staaten den Aufstieg des europäischen Faschismus beeinflusste. Murch und Dotson gehörten zu einem großen Forschungsteam, dessen Arbeitsgruppe in New Haven von Timothy Snyder und Marci Shore geleitet wurde. Weitere Mitglieder waren Reginald Dwayne Betts, Robin Dembroff, Zoltan Gendler-Szabo, Antuan Johnson, Ben Justice, Titus Kaphar, Kathryn Lofton, Tracey Meares, Claudia Rankine, Jennifer Richeson und Anshul Verma (dies ist leider nur eine unvollständige Liste). Ich danke meinem Freundeskreis in New Haven für sein großzügiges Engagement. Auch den Studierenden, die mein Seminar »Propaganda, Ideologie und Demokratie« belegten und von denen ich im Laufe der Jahre so viel gelernt habe, gilt mein Dank. Außerhalb von New Haven hat eine Reihe von klugen Köpfen mein Denken über die Themen dieses Buches beeinflusst, darunter Lewis Gordon, Lori Gruen, Howard Kahn, Sari Kisilevsky, Michael Lynch, Kate Manne, Charles Mills, David Livingstone Smith, Amia Srinivasan, Ken Taylor, Lynne Tirrell, Elizabeth Anderson und Peter Railton. Mein Dank gilt Brian Leiter und Samuel Leiter für die Frage nach einer Erklärung, inwiefern die Propagandatheorie in meinem Buch aus dem Jahr 2015 für die faschistische Politik relevant ist.[1] Ganz besonders viel verdanke ich dem Linguisten David Beaver, Koautor eines weiteren Buches, das vor kurzem bei Princeton University Press erschienen ist: *The Politics of Language*. Während des Schreibprozesses war David ein unverzichtbarer Gesprächspartner.

Dieses Buch geht auf den Vorschlag meines Herausgebers bei Princeton University Press, Rob Tempio, zurück, mein 2015 erschienenes Buch *How Propaganda Works*, mit einer Arbeit über den Faschismus fortzusetzen. Für seine intellektuelle Offenheit und sein Vertrauen in meine Fähigkeiten, politisch wichtige Arbeit zu leisten, bin ich dankbar. Bis dahin hatte ich noch nie ein für die allgemeine Öffentlichkeit bestimmtes Buch geschrieben. Auf Empfehlung von Freunden wandte ich mich an verschiedene Agenten und entschied mich für Stephanie Steiker von Regal Hoffman & Associates. Als wir die Zusammenarbeit im Sommer 2017 begannen, verfügte ich über eine zweiseitige Skizze zu diesem Buch. Erstmals trafen wir uns Anfang September. Stephanie hat mich fortlaufend unterstützt, mir die ungeschminkte Wahrheit gesagt, wenn ich sie nötig hatte, und (ebenso wichtig) sie vor mir verborgen, wenn sie allzu schädlich gewesen wäre. Sie las zahllose erste Fassungen und lotste mich mehrmals von Untiefen weg und ins offene Fahrwasser. Ein ebenso großer Glücksfall war meine Lektorin bei Random House, Molly Turpin. Nachdem sie im November 2017 die Rechte an dem Buch erworben hatte, las sie ein gutes halbes Dutzend Entwürfe und versorgte mich im Prinzip Zeile für Zeile mit Korrekturen. Ein großer Teil des Verdienstes, das diesem Buch gebührt, ist ihr zuzuschreiben. Sowohl Stephanie als auch Molly bin ich zu großem Dank verpflichtet.

Zu Hause in New Haven war meine Schwiegermutter, Karen Ambush Thande, in vielerlei Hinsicht eine kontinuierliche Stütze. Sie diente mir als wichtige Ideengeberin und nutzte ihr tiefes Wissen über die afroamerikanische Tradition, auf das ich hier zurückgreife. Meine Kinder, Alain und Emile, sind für mich die größte Freude und zugleich eine lebendige Bestätigung für die Notwendigkeit dieser Arbeit. Ich war beim Schreiben bemüht, die Einsichten, zu denen sie mir verholfen haben, weiterzugeben, ohne ihnen dabei eine psychische Last aufzubürden. Wenn mir das gelingt, so wird dies mein größter Triumph sein. Schließlich bin ich, wie stets, meiner Partnerin Njeri Thande zu allergrößtem Dank verpflichtet. Es gibt niemanden, dem ich mehr zu verdanken habe, und auch niemanden, den ich mehr schätze.

Anmerkungen

Aktualisiertes Vorwort zur ersten Taschenbuchausgabe

1 David Miranda, »Bolsonaro says he's fighting corruption. So why is he surrounded by scandal?«, *The Guardian*, 28.10.2019; https://www.theguardian.com/commentisfree/2019/oct/28/jair-bolsonaro-brazil-paramilitaries-corruption-david-miranda, zuletzt abgerufen: 09.03.2024.

2 Pratab Bhanu Mehta: »JNU violence reflects an apocalyptical politics driven by a constant need to find new enemies«, *The Indian Express*, 07.01.2020.

3 Ich danke Kica Matos vom Vera Institute of Justice, die mich über die Sachlage aufgeklärt hat.

4 Nikolaus Wachsmann, *KL: A History of the Nazi Concentration Camps* (New York: Farrar, Straus and Giroux, 2015), 186. Siehe *KL: Die Geschichte der nationalsozialistischen Konzentrationslager* (München: Pantheon, 2018).

5 Tom Phillips, »Brazilians protest over Bolsonaro's muddled coronavirus response«, *The Guardian*, 22.03.2020; https://www.theguardian.com/world/2020/mar/22/brazilians-protest-bolsonaro-coronavirus-panelaco, zuletzt abgerufen: 09.03.2024.

6 Christian Farias, »The Trump DOJ's Crazy Back-and-Forth on Coronavirus Prevention Posters«, *Intelligencer*, 10.03.2020; https://nymag.com/intelligencer/2020/03/what-was-trump-dojs-problem-with-covid-prevention-posters.html, zuletzt abgerufen: 09.03.2024.

Einleitung

1 Charles Lindbergh, »Aviation, Geography, and Race«, *Reader's Digest*, November 1939, 64–67.

2 Siehe Richard Steigmann-Gall, »Star-spangled Fascism: American Interwar Political Extremism in Comparative Perspective«, *Social History* 42:1 (2017), 94–119.

3 Siehe Nour Kteily und Emile Bruneau, »Backlash: The Politics and Real-World Consequences of Minority Group Dehumanization«, *Personality and Social Psychology Bulletin* 43:1 (2017), 87–104.

Die mythische Vergangenheit

1 »Fascism's Myth: The Nation«, in: Roger Griffin (Hrsg.), *Fascism* (Oxford: Oxford University Press, 1995), 43–44.
2 Alfred Rosenberg, »The Folkish Idea of State«, in: Barbara Miller Lane und Leila J. Rupp, *Nazi Ideology Before 1933: A Documentation* (Austin: University of Texas Press, 1978), 60–74, 67.
3 »Motherhood and Warriorhood as the Key to National Socialism«, in: Griffin, *Fascism*, 123.
4 Paula Siber von Groote, *Die Frauenfrage und ihre Lösung durch den Nationalsozialismus* (Wolfenbüttel, Berlin: Georg Kallmeyer, 1933), 23.
5 Richard Grunberger, *The 12-Year Reich: A Social History of Nazi Germany 1933–45* (New York: Da Capo Press, 1971), 252–253.
6 Charu Gupta, »Politics of Gender: Women in Nazi Germany«, *Economic and Political Weekly* 26:17 (1991).
7 Weev, »Just What Are Traditional Gender Roles?«, *The Daily Stormer*, Mai 2017.
8 Bernard Mees, *The Science of the Swastika* (Budapest: Central European University Press, 2008), 115.
9 Hannah Beech, »›There Is No Such Thing as Rohingya‹: Myanmar Erases a History«, *New York Times*, 02.12.2017.
10 »Höcke-Rede im Wortlaut: ›Gemütszustand eines total besiegten Volkes‹«, *Tagesspiegel*, 19.01.2017; https://www.tagesspiegel.de/politik/hoecke-rede-im-wortlaut-gemuetszustand-eines-total-besiegten-volkes/19273518.html, zuletzt abgerufen: 09.03.2024.
11 Heinrich Himmler, »Zum Geleit«, *Germanien* 7 (1936), 193.
12 Heinrich Himmler, Dokument 1992(A)-PS, Nürnberger Prozess; zitiert nach Mees, *The Science of the Swastika*, 124.
13 Katie N. Rotella und Jennifer A. Richeson, »Motivated to ›Forget‹: The Effects of In- Group Wrongdoing on Memory and Collective Guilt«, *Social Psychological and Personality Science* 4:6 (2013), 730–737.
14 Baljinder Sahdra und Michael Ross, »Group Identification and Historical Memory«, *Personality and Social Psychology Bulletin* 33 (2017), 384–395.
15 Siehe beispielsweise Ishaan Tharoor, »Hungary's Orbán Invokes Ottoman Invasion to Justify Keeping Refugees Out«, *Washington Post*, 04.09.2015.

2 Propaganda

1 Elizabeth Hinton, *From the War on Poverty to the War on Crime: The Making of Mass Incarceration in America* (Cambridge, MA: Harvard University Press, 2016), 142.
2 Grunberger, *The 12-Year Reich*, 90.
3 W.E.B. Du Bois, *Black Reconstruction* (New York: Oxford University Press, 2014), 419.
4 Ebd., 583.

5 In *Down Girl: The Logic of Misogyny* (New York: Oxford University Press, 2018), 256–263, 271 argumentiert Kate Manne dahingehend, dass eine ähnliche Dialektik bei der Niederlage Clintons gegen Trump 2016 zum Tragen kam.

6 Peter Pomerantsev, *Nothing Is True and Everything Is Possible: The Surreal Heart of the New Russia* (New York: Public Affairs, 2014), 65.

7 Siehe Ozan O. Varol, »Stealth Authoritarianism«, *Iowa Law Review* 100 (2015), 1673–1742, 1677.

8 Frederick Douglass, »What to the Slave Is the Fourth of July?«, 05.07.1852; https://www.thenation.com/article/society/what-slave-fourth-july-frederick-douglass/, zuletzt abgerufen: 09.03.2024.

9 Ebd.

10 Adolf Hitler, *Mein Kampf* (München: Zentralverlag der NSDAP, 1937), 99.

11 Mees, *The Science of the Swastika*, 112–113.

12 Anm. d. Übers.: Das Zitat stammt eigentlich aus Hans Schwarz van Berk, »Die Dummheit der Demokratie«, in: Joseph Goebbels, Hans Schwarz van Berk (Hrsg.), *Der Angriff: Aufsätze aus der Kampfzeit* (München: Franz Eher, 1935), 61.

13 *The Origonian*, »›Free speech or die, Portland‹ yells accused MAX killer Jeremy Christian at arraignment«, YouTube; https://www.youtube.com/watch?v=TTZJoCWuhXE, zuletzt abgerufen: 09.03.2024.

3 Anti-Intellektualismus

1 So charakterisiert Chris Caesar beispielsweise die Strategie hinter Trumps Kampagne in »Trump Ran Against Political Correctness. Now His Team Is Begging for Politeness«, *Washington Post*, 16.05.2017.

2 Robert O'Harrow Junior und Shawn Boburg, »How a ›Shadow‹ Universe of Charities Joined with Political Warriors to Fuel Trump's Rise«, *Washington Post*, 03.06.2017.

3 Fernanda Zamudio-Suarez, »Missouri Lawmaker Who Wants to Eliminate Tenure Says It's ›Un-American‹«, *Chronicle of Higher Education*, 12.01.2017.

4 Gupta, »Politics of Gender«, 40–48.

5 Masha Gessen, *The Future Is History: How Totalitarianism Reclaimed Russia* (New York: Riverhead Books, 2017), 264–267.

6 Fred Weir, »Why Is Someone Trying to Shutter One of Russia's Top Private Universities?«, *Christian Science Monitor*, 28.03.2017.

7 Siehe Jedidiah Purdys ausgezeichneten Artikel, aus dem ich die Informationen zu North Carolina in den beiden vorigen Abschnitten entnommen habe: »Ayn Rand Comes to UNC«, *New Yorker*, 19.03.2015.

8 Siehe Annie Linskey, »With Patience, and a Lot of Money, Kochs Sow Conservatism on Campuses«, *Boston Globe*, 02.02.2018.

9 Gregor Mayer, »Central European University zu Abzug aus Budapest gezwungen«, *Der Standard*, 04.12.2018; https://www.derstandard.at/story/2000093054082/top-uni-zum-abzug-aus-orbans-budapest-gezwungen, zuletzt abgerufen: 09.03.2024.

10 »In Turkey, Crackdown on Academics Heats Up«, *Voice of America*, 14.02.2017.
11 Zitiert nach »Science scorned«, *Nature* 467, 133 (2010).
12 Pierre Drieu la Rochelle, »The Rebirth of European Man«, in: Griffin, *Fascism*, 202–203.
13 Victor Klemperer, *LTI – Notizbuch eines Philologen* (Berlin: Aufbau-Verlag, 1947), 37.
14 Hitler, *Mein Kampf*, 197–198.
15 Klemperer, *LTI*, 42–43.
16 »Fascist Mysticism«, in: Griffin, *Fascism*, 55.
17 Michael Lewis, »Has Anyone Seen the President?«, *Bloomberg View*, 9.02.2018.

4 Unwirklichkeit

1 Anm. d. Übers.: Erste deutschsprachige Ausgabe: Maurice Joly, *Macht und Recht, Machiavelli contra Montesquieu: Gespräche in der Unterwelt* (Hamburg: Meiner, 1948).
2 Jeffrey L. Sammons (Hrsg.), *Die Protokolle der Weisen von Zion: Die Grundlage des modernen Antisemitismus – eine Fälschung*, Text und Kommentar (Göttingen: Wallstein, 2021), 15–19.
3 Hannah Arendt, *The Origins of Totalitarianism* (New York: HBJ, 1973), 351. Anm. d. Übers.: Arendts deutsche Übersetzung ihres englischen Originals weicht stark ab und kann daher nicht ohne Weiteres übernommen werden. Siehe Hannah Arendt, *Elemente und Ursprünge totaler Herrschaft* (München: Piper, 1986), 744.
4 Ernst Cassirer, *Vom Mythus des Staates*, übersetzt von Franz Stoeßl (Hamburg: Felix Meiner), 368–369.
5 Siehe Brian Tashman, »Tony Perkins: Gay Rights Part of Population Control Agenda«, *Right Wing Watch*, 30.10.2014.
6 Siehe Oliver Hahl, Minjae Kim und Ezra Zuckerman, »The Authentic Appeal of the Lying Demagogue«, *American Sociological Review* 83:1 (2018), 1–33.
7 Rick Perlstein, »Exclusive: Lee Atwater's Infamous 1981 Interview on the Southern Strategy«, *The Nation*, 13.11.2012; https://www.thenation.com/article/archive/exclusive-lee-atwaters-infamous-1981-interview-southern-strategy/, zuletzt abgerufen: 09.03.2024.

5 Hierarchie

1 Max Weber, *Wirtschaft und Gesellschaft* (Tübingen: Mohr, 1985), 549.
2 Siehe Jim Sidanius und Felicia Pratto, *Social Dominance: An Intergroup Theory of Social Hierarchy and Oppression* (New York: Cambridge University Press, 1999).

3 Felicia Pratto, Jim Sidanius und Shana Levin, »Social Dominance Theory and the Dynamics of Intergroup Relations: Taking Stock and Looking Forward«, *European Review of Social Psychology* 17:1, 271–272.

4 Alexander H. Stephens, »Corner Stone Speech«, ediert und mit einer Einleitung von David Tucker; http://teachingamericanhistory.org/library/document/cornerstone-speech/, zuletzt abgerufen: 09.03.2024.

5 W. E. B. Du Bois, »Of the Ruling of Men«, in: W. E. B. Du Bois, *Darkwater: Voices from within the Veil* (Dover, 1999).

6 Sammons (Hrsg.), *Die Protokolle der Weisen von Zion*, 29–30.

7 Siehe Alfred Rosenberg, *Die Protokolle der Weisen von Zion und die jüdische Weltpolitik* (München: Deutscher Volks-Verlag, 1923).

6 Die Opferrolle

1 W. E. B. Du Bois, *Black Reconstruction in America: An Essay Toward a History of the Part Which Black Folk Played in the Attempt to Reconstruct Democracy in America, 1860–1880* (New York: Free Press, 1935), 283.

2 Michael Kraus, Julian Rucker und Jennifer Richeson, »Americans Misperceive Racial Economic Equality«, *Proceedings of the National Academy of Sciences* 114:39, 10324–10331.

3 Ein klassischer früher Text ist Herbert Blumer, »Race Prejudice as a Sense of Group Position«, *Pacific Sociological Review* 1:1 (1958), 3–7.

4 Maureen Craig und Jennifer Richeson, »On the Precipice of a ›Majority-Minority‹ America: Perceived Status Threat from the Racial Demographic Shift Affects White Americans' Political Ideology«, *Psychological Science* 25:6 (2014), 1189–1197.

5 Maureen Craig, Julian Rucker und Jennifer Richeson, »Racial and Political Dynamics of an Approaching ›Majority-Minority‹ United States«, *Annals of the American Academy of Political and Social Science* 677:1 (2018), 204–214.

6 Michael Kimmel, *Angry White Men: American Masculinity at the End of an Era* (New York: Nation Books, 2013), 110–111. Siehe *Angry White Men: Die USA und ihre zornigen Männer* (Zürich: Orell Füssli, 2015).

7 Ebd., 112.

8 Siehe Kate Manne, *Down Girl: The Logic of Misogyny* (New York: Oxford University Press, 2018), 156–157.

7 Recht und Ordnung

1 Ilse Stanley, *Die Unvergessenen*, übersetzt von Ilse Stanley (München, Wien, Basel: Desch, 1964).

2 Shanette C. Porter, Michelle Rheinschmidt-Same und Jennifer Richeson, »Inferring Identity from Language: Linguistic Intergroup Bias Informs Social Categorization«, *Psychological Science* 27:1 (2016): 94–102.

3 James Baldwin, »Negroes Are Anti-Semitic Because They Are Anti-White«, *New York Times*, 09.04.1967.
4 Nic Subtirelu, »Covering Baltimore: Protest or Riot?«, *Linguistic Pulse*, 29.04.2015.
5 David Roodman, »The Impacts of Incarceration on Crime«, *Open Philanthropy Project*, September 2017.
6 Siehe Amy Lerman und Vesla Weaver, *The Democratic Consequences of American Crime Control* (Chicago: University of Chicago Press, 2014).
7 W. E. B. Du Bois, »The Study of the Negro Problems«, *The Annals of the American Academy of Political and Social Science* 11 (1898), 1–23.
8 Aneeta Rattan, Cynthia Levine, Carol Dweck und Jennifer Eberhardt, »Race and the Fragility of the Legal Distinction Between Juveniles and Adults«, *PLoS ONE* 7:5 (2012), e36680.
9 Rebecca C. Hetey und Jennifer L. Eberhardt, »Racial Disparities in Incarceration Increase Acceptance of Punitive Policies«, *Psychological Science* 25:10 (2014), 1949–1954.

8 Sexuelle Ängste

1 Keith Nelson, »The ›Black Horror on the Rhine‹: Race as a Factor in Post-World War I Diplomacy«, *Journal of Modern History* 42:4 (1970): 606–627.
2 Anm. d. Übers.: Nelson zitiert hier Hitler, *Mein Kampf*, 771, 357.
3 »Rape, Racism, and the Myth of the Black Rapist«, in: Angela Davis, *Women, Race and Class* (New York: Random House, 1981), 173.
4 Crystal Nicole Feimster, *Southern Horrors: Women and the Politics of Rape and Lynching* (Cambridge, MA: Harvard University Press, 2009), 78–79.
5 Siehe beispielsweise ebd., 90.
6 Charu Gupta, »The Myth of Love Jihad«, *The Indian Express*, 28.08.2014. Gupta ist auch Verfasserin eines wissenschaftlichen Artikels zum Thema: »Allegories of ›Love Jihad‹ and Ghar Vāpasī: Interlocking the Socio-Religious with the Political«, *Archiv Orientální* 84 (2016), 291–316.
7 Julia Serano, *Whipping Girl: A Transsexual Woman on Sexism and the Scapegoating of Femininity* (Berkeley: Seal Press, 2007), 15.
8 Johanna Laakso, »Friends and Foes of ›Freedom‹«, *Hungarian Spectrum*, 28.12.2017.

9 Sodom und Gomorrha

1 Hitler, *Mein Kampf*, 1, 17.
2 Hitler, *Mein Kampf*, 23.
3 Hitler, *Mein Kampf*, 135.

4 Adolf Hitler, *Hitlers Zweites Buch: Ein Dokument aus dem Jahr 1928*, eingeleitet und kommentiert von Gerhard L. Weinberg, mit einem Geleitwort von Hans Rothfels (Stuttgart: Deutsche Verlags-Anstalt: 1961), 61–62.

5 Alfred Rosenberg, »Deutsche Freiheit als Voraussetzung der Volkskultur«, *Berliner Arbeiter-Zeitung*, 22.06.1930.

6 Anm. d. Übers.: Hierzu findet sich der Hinweis: »Das Programm, in allen einschlägigen Publikationsorganen der Partei veröffentlicht, befindet sich als Flugblatt im BA-Koblenz (NS 26/962) u. ist abgedruckt bei G. Franz, Quellen zur Gesch. d. Bauernstandes in der Neuzeit, Darmst. 1963, S. 535.« Siehe Horst Gries, »NSDAP und landwirtschaftliche Organisationen in der Endphase der Weimarer Republik«, *Vierteljahreshefte für Zeitgeschichte* 15:4 (1967), Fn. 9.

7 »Parteiamtliche Kundgebung über die Stellung der NSDAP zum Landvolk und zur Landwirtschaft«, in: Gottfried Feder, *Das Programm der NSDAP und seine weltanschaulichen Grundgedanken* (München: Nationalsozialistische Bibliothek, 1930), 7.

8 Ebd., 11.

9 Maria Sacchetti und Emily Guskin, »In Rural America, Fewer Immigrants and Less Tolerance«, *Washington Post*, 17.06.2017.

10 Lucy Pasha-Robinson, »French Election: Marine Le Pen Wins Just 5 % of Paris Vote While FN Rural Support Surges«, *Independent*, 24.04.2017.

11 https://www.bbc.com/news/world-europe-39870460, zuletzt abgerufen: 09.03.2024.

12 Nico Passchier, »The Electoral Geography of the Nazi Landslide: The Need for Community Studies«, in: Stein Ugelvik Larsen, Bernt Hagtvet und Jan Petter Myklebust (Hrsg.) *Who Were the Fascists?: Social Roots of European Fascism* (Oslo: Universitatsforlaget, 1980), 283–300.

13 Elliot Ackerman, »Atatürk Versus Erdoğan: Turkey's Long Struggle«, *New Yorker*, 16.07.2016.

14 Aus dem Kapitel »The Jews« in Grunberger, *The 12-Year Reich*, 458.

15 Hitler, *Mein Kampf*, 30.

16 R.W. Darré, »The Peasantry as the Key to Understanding the Nordic Race«, in: Lane und Rupp, *Nazi Ideology Before 1933*, 103–106. Siehe *Das Bauerntum als Lebensquell der Nordischen Rasse* (München: Lehmann, 1929), Kap. 7.

17 Für Putins Obsession mit der Geburtenrate siehe Gessen, *The Future Is History*, 374–375.

18 Benito Mussolini, »The Strength in Numbers«, in: Griffin, *Fascism*, 58–59.

19 Hitler, *Mein Kampf*, 333, 334.

20 Gregory Paul Wegner, *Anti-Semitism and Schooling Under the Third Reich* (New York: Routledge, 2002), 59.

10 Arbeit macht frei

1 »Guidelines of the German Workers' Party«, in: Lane und Rupp: *Nazi Ideology Before 1933*, 10. Siehe Fritz Maier-Hartmann, Adolf Drexler (Hrsg.), *Dokumente der Zeitgeschichte* (München: Zentralverlag der NSDAP, 1938), 85.

2 Martin Gilens, »›Race Coding‹ and White Opposition to Welfare«, *American Political Science Review* 90:3 (1996), 593– 604.

3 Hannah Arendt, »Antisemitismus und faschistische Internationale«, in: *Nach Auschwitz Essays & Kommentare 1* (Berlin: Edition Tiamat, 1989), 41–42.

4 Timothy Snyder, *Black Earth: The Holocaust as History and Warning* (New York: Crown, 2015), 228. Siehe *Black Earth: Der Holocaust und warum er sich wiederholen kann*, übersetzt von Ulla Höber, Karl Heinz Siber und Andreas Wirthensohn (München: Beck, 2015).

5 »Situation of Human Rights of Rohingya Muslims and Other Minorities in Myanmar«, Annual Report of the United Nations High Commissioner for Human Rights and Reports of the High Commissioner and the Secretary-General, 28.06.2016.

6 Frantz Fanon, *Black Skin, White Masks* (New York: Grove Press, 2008), 73.

7 Devah Pager, »The Mark of a Criminal Record«, *American Journal of Sociology* 108:5 (2003): 937–975.

8 Douglas Blackmon, *Slavery by Another Name: The Reenslavement of Black Americans from the Civil War to World War II* (New York: Doubleday, 2008).

9 Hinton, *From the War on Poverty to the War on Crime*, 163.

10 Lewis Gordon, *Bad Faith and Anti- Black Racism* (Humanity Books, 1995). Siehe auch Charles Mills, »White Ignorance«, in: Shannon Sullivan und Nancy Tuana (Hrsg.), *Race and Epistemologies of Ignorance* (SUNY Press, 2007), 13–38, sowie Gaile Pohlhaus, »Relational Knowing and Epistemic Injustice: Toward a Theory of Willful Hermeneutical Ignorance«, *Hypatia: A Journal of Feminist Philosophy* 27:4 (2012), 715–735.

11 Hitler, *Mein Kampf*, 353.

12 Hitler, *Mein Kampf*, 675.

13 Hitler, *Mein Kampf*, 676. Anm. d. Übers.: Hitler spricht hier von der Rolle des Streiks innerhalb der nationalsozialistischen Gewerkschaft.

14 Archon Fung, »It's the Gap, Stupid«, *Boston Review*, 01.09.2017.

15 Du Bois, *Black Reconstruction in America*, 580.

16 Marc Dixon, »Limiting Labor: Business Political Mobilization and Union Setback«, *States Journal of Policy History* 19:2 (2007), 313–344.

17 Michael Pierce, »The Origins of Right to Work: Vance Muse, Anti-Semitism, and the Maintenance of Jim Crow Labor Relations«, *Labor and Working Class History Organization*, 12.01.2017.

18 Für Näheres zu den antiliberalen Konsequenzen des ökonomischen Libertarismus und den anderen Themen in diesen Abschnitten siehe Elizabeth Andersons Buch *Private Government: How Employers Rule Our Lives* (New Jersey: Princeton University Press, 2017).

19 Anm. d. Übers.: Aus Hitlers Rede vor dem Deutschen Industrie-Klub in Max Domarus: *Hitler: Reden und Proklamationen 1932–1945, Kommentiert von einem deutschen Zeitgenossen*, Band 1 (Leonberg: Pamminger & Partner, 1988), 74.

Epilog

1 Adam Bear und Joshua Knobe, »Normality: Part Statistical, Part Evaluative«, *Cognition* 167 (2017), 25–37.
2 Adam Bear und Joshua Knobe, »The Normalization Trap«, *New York Times* (Sunday Review), 28.01.2017.

Danksagungen

1 Brian Leiter und Samuel Leiter, »Not Your Grandfather's Propaganda«, Rezension, *The New Rambler*, 12.10.2015.

ISBN: 978-3-86489-415-2
EUR 24 / EUA 24,70
ISBN deutsche Ausgabe:
978-3-86489-458-9
EUR 25 / EUA 25,70
ab Herbst 2024

In Deutschland ist das alltägliche Leben, einschließlich Unternehmen, Verbänden, Kommunalverwaltungen, Parks, Schulen, Kirchen und Medien, immer noch von den Nazi-Verbrechen belastet, die im öffentlichen Bewusstsein nicht anerkannt werden. Das sagen Zachary und Katharina F. Gallant, die die derzeitige deutsche Praxis des Gedenkens an die Verbrechen des Nationalsozialismus kritisieren, weil sie die Stimmen und die Handlungsfähigkeit der Opfergruppen ausgeklammert. In ihrem Buch fordern sie eine »Entnazifizierung 2.0«, die darin besteht, das Vermögen der deutschen Unternehmen und Familien zu enteignen, die direkt mit den Naziverbrechen in Verbindung gebracht werden können, um dieses enteignete Kapital zur Bewältigung der dringendsten Katastrophen unserer Zeit einzusetzen.

Ab Herbst 2024 auch auf Deutsch unter dem Titel »Entnazifiziert Euch!« erhältlich.